미래 기업 · 국가 경쟁력 벤치마킹 모델

아부다비의 힘

POWER OF ABU DHABI

임은모 지음

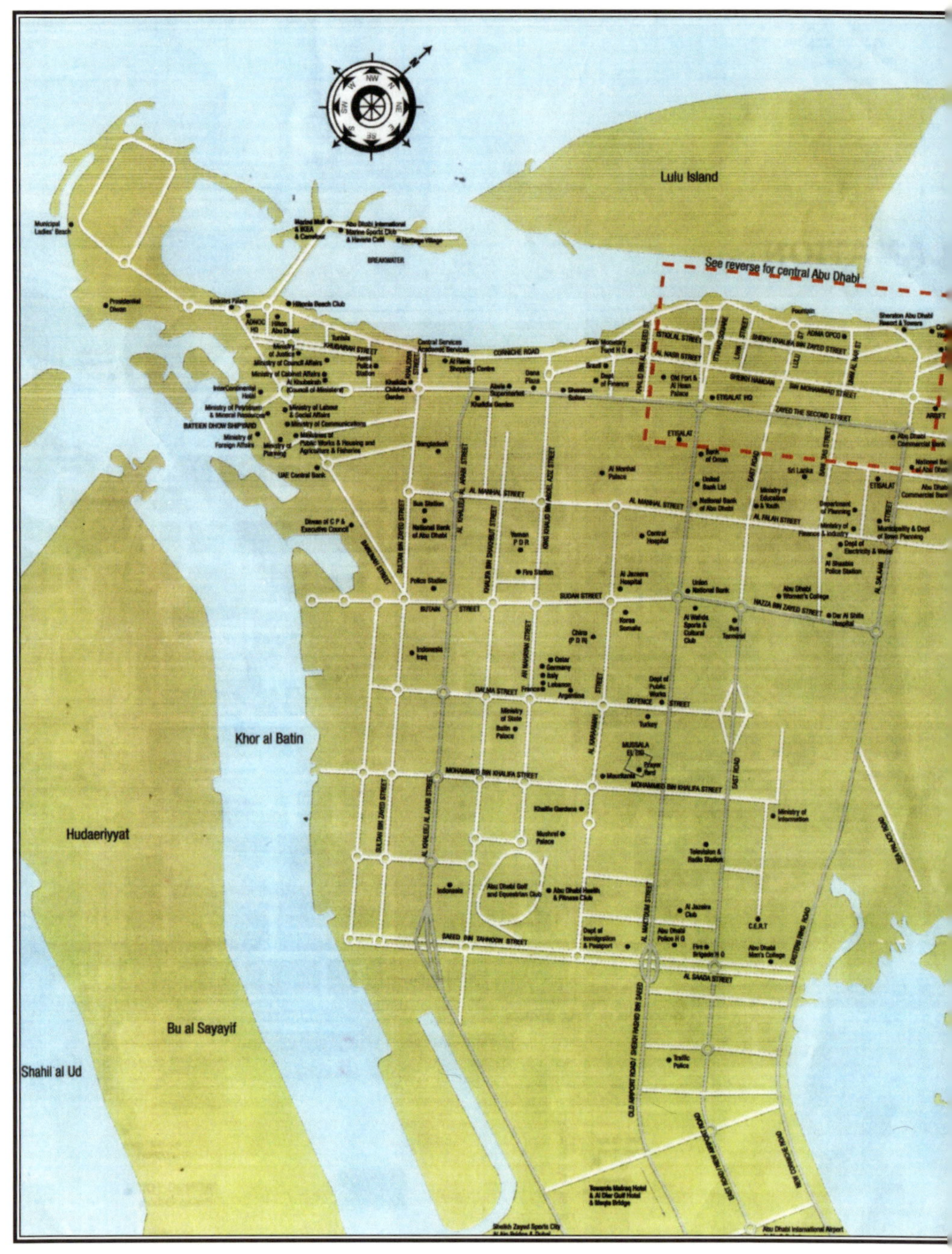

N
NW NE
W E
SW SE
S

Lulu Island

Municipal Ladies' Beach
Marina Mall & IKEA & Carrefour
Abu Dhabi International
Marine Sports Club & Havana Café
Heritage Village
BREAKWATER

See reverse for central Abu Dhabi

Presidential Diwan
Emirates Palace
Hiltonia Beach Club
ADNOC HQ
Hilton Abu Dhabi
Tourist
Ministry of Justice
Ministry of Council Affairs
Ministry of Cabinet Affairs & Al Khubeirah (Council of Ministers)
InterContinental Hotel
Ministry of Petroleum & Mineral Resources
BATEEN DHOW SHIPYARD
Ministry of Labour & Social Affairs
Ministry of Communications
Ministry of Foreign Affairs
Ministry of Planning
Ministry of Public Works & Housing and Agriculture & Fisheries
KHUBAIRAH STREET
Central Services (seaboard Services)
CORNICHE ROAD
Aqua Police Station
Khalidia Children's Garden
Al Hisn Shopping Centre
Abela Supermarket
Khalidia Garden
Arab Monetary Fund HQ
Dana Plaza
Sheraton Sofitel
Brazil
Dept of Finance
Fountain
ISTIQLAL STREET
AL NASR STREET
SHEIKH KHALIFA BIN ZAYED STREET
ADMA OPCO
Sheraton Abu Dhabi Resort & Towers
Old Fort & Al Hosn Palace
SHEIKH HAMDAN
BANI YAS STREET
LULU STREET
JAMAL ABDUL NASSER ST
ETIHAD SQUARE
SHEIKH RASHID BIN MOHAMMED STREET
ETISALAT HQ
ZAYED THE SECOND STREET
ARBIFT
National Bank of Abu Dhabi
Abu Dhabi Commercial Bank

UAE Central Bank
Bangladesh
Al Manhal Palace
Bank of Oman
Sri Lanka
ETISALAT
AL MANHAL STREET
AL KHALEEJ AL ARABI STREET
KHALIFA BIN ZAYED STREET
SULTAN BIN ZAYED STREET
KING KHALID BIN ABDUL AZIZ STREET
Bus Station
National Bank of Abu Dhabi
Diwan of C P & Executive Council
Yemen
P.D.R
Police Station
Fire Station
BUTAIN STREET
SUDAN STREET
Al Jazeera Hospital
AL MANHAL STREET
National Bank of Abu Dhabi
Ministry of Education & Youth
AL FALAH STREET
Central Hospital
Department of Planning
Ministry of Finance & Industry
Dept of Electricity & Water
Municipality & Dept of Town Planning
Al Shaabia Police Station
AL SALAMI
ETISALAT
Abu Dhabi Commercial Bank

Korea
Somalia
Union National Bank
Al Wahda Sports & Cultural Club
Abu Dhabi Women's College
HAZZA BIN ZAYED STREET
Dar Al Shifa Hospital
Bus Terminal

Indonesia
Iraq
China (P.D.R)
Qatar
Germany
Italy
Lebanon
Argentina
France
DALMA STREET
AH MARYAH STREET
AL KARAMAH STREET
Dept of Public Works
DEFENCE STREET
Turkey

Ministry of State
Batin Palace
Mauritania
MUSSALA EL DIG
Iftar Eid

Khor al Batin

Hudaeriyyat

Khalifa Gardens
Mushrif Palace
MOHAMMED BIN KHALIFA STREET
MOHAMMED BIN KHALIFA STREET
Ministry of Information
Television & Radio Station

SULTAN BIN ZAYED STREET
AL KHALEEJ AL ARABI STREET
AL KARAMAH STREET
EAST ROAD
OLD AIRPORT ROAD

Indonesia
Abu Dhabi Golf and Equestrian Club
Abu Dhabi Health & Fitness Club
Al Jazeera Club
C.E.A.T
SAEED BIN TAHNOON STREET
Dept of Immigration & Passport
AL MATOAH STREET
OLD AIRPORT ROAD SHEIKH RASHID BIN SAEED
Abu Dhabi Police HQ
Fire Brigade HQ
Abu Dhabi Men's College
EASTERN RING ROAD
AL SAADA STREET

Bu al Sayayif

Shahil al Ud

Traffic Police

OLD COMMERCIAL RING ROAD
NEW COMMERCIAL RING ROAD
Towards Maliya Hotel & Al Diar Gulf Hotel & Maqta Bridge
Sheikh Zayed Sports City
Al Abu Bakker Al Siddiq
Abu Dhabi International Airport

ABU DHABI

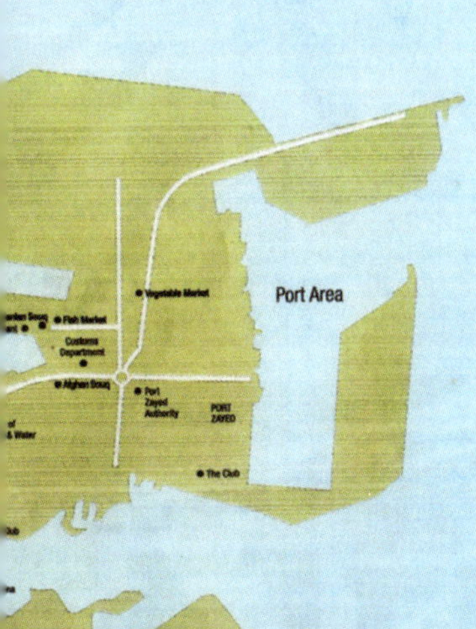

While most of Abu Dhabi is well signposted, some streets are known not by their official names, but by names that have come into common usage over the years. For example, Zayed the Second Street is referred to by many people as Electra Street. For a newcomer or visitor, the best bet is to take a taxi and use the time-honoured Abu Dhabi method of naming a well-known building or landmark near your destination.

Key to some popular 'common names'

Official name	Commonly called
Sheikh Zayed the First Street	Khalidya Street
Sheikh Zayed the Second Street	Electra Street/Road
Al Falah Street	Old Passport Road (Juwazat Street)
Hazza bin Zayed Street	Defence Road
Bani Yas Street	Najda Street
East Road	New Airport Road

UNITED ARAB EMIRATES

POWER OF

ABU DHABI

Contents

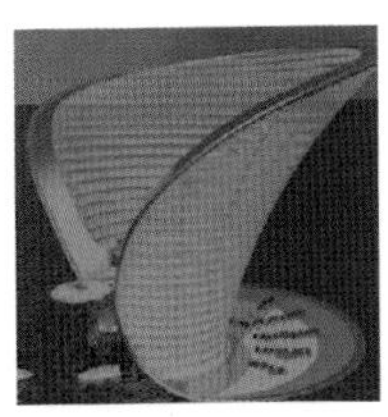

프롤로그

중동의 킹메이커로 변신해가는 아부다비,
우리는 무엇을 보고 무엇을 준비할 것인가?

세계가 꿈틀거리고 있다. 전 세계가 지각변동을 일으키고 있다. 특히 아라비아만(灣)에 위치한 도시국가 아랍에미리트연합(UAE)의 아부다비(Abu Dhabi)가 요동치고 있다. 지난 2008년 9월 미국발 금융위기가 실물경제로 옮겨가는 과정 가운데서 일어난 일이다.

하긴 세계 최대의 국부펀드 운용 도시국가 아부다비라고 해도 미증유의 세계 불황을 비켜갈 수 없었다. 치명적인 경제 손실을 예외로 두지 않았다. 물경 7,850억 달러에 달하는 국부펀드마저 위탁경영에서 큰 손실을 입었다. 이름만 대도 곧 알 수 있는 세계적인 투자금융회사들에게 맡긴 국부펀드 운영인데도 말이다.

전 세계적으로 '금융공학(金融工學)'이라는 단어의 허구성이 적나라하게 밝혀지면서 이제 '금융공장(金融工場)'으로 강등된 작금의 국제경제현실은 동서의 구분과 국경의 구분마저 허용하지 않고 있다. 하지만 도시국가 아부다비는 이를 반면교사로 삼았다. 금융의 부실화와 국부펀드운용의 실패에

도 굴하지 않고 오뚝이처럼 일어났다.

이를 만회하는 카드로서 문화와 관광을 함께 발전시키는 도시 건설을 들고 나온 점이 바로 엑설런트(excellent)하다는 점이다. 아부다비는 이를 알라신의 가르침으로 인지한 결과다. 그렇게 치부한 자세가 아랍에미리트연합(UAE) 맏형다운 운신이고 동시에 변화의 단초가 되었다.

이러한 아부다비 변화의 동인은 여러 가지 이유가 있겠지만 '포스트 오일머니'에 대한 준비와 각오가 예전과 다르다는 점에서 이 책은 시작된다.

그동안 사막 속의 뉴욕과 다목적 관광 허브를 추구하던 두바이가 금융위기로 주춤한 사이에 더 빛을 발하는 모습은 한마디로 '알라신의 특별한 축복'의 방증이 되고 남는다. 아부다비의 변화 자체는 타워크레인이 곳곳에 세워지고 있는 것만이 아니다. 스카이라인이 바뀌어가고 있어서도 아니다.

역사적인 이슬람 도시국가로서 새롭게 아랍 문화의 전형적 도시를 창조하고 있는 모습이 돋보였기 때문에 그렇다.

풍부한 오일머니를 토대로 세계적인 문화의 도시 파리를 닮아가는 모습에서 아부다비 미래를 읽게 한다. 그것도 충분하게.

예컨대 우리에게 잘 알려진 대로 두바이에는 칠성급 호텔 버즈 알 아랍호텔이 있다면 아부다비는 에미리트 팰리스호텔이 있다. 두바이의 에미리트항공 대신으로 아부다비에는 에티하드항공이 있다는 것도 진부한 대조에

속한다.

　아랍에미리트연합의 원유 생산량 92%와 연방 재정 80%를 책임지고 있다는 수치제시도 말장난에 지나지 않는다. 인구 560만 명(2008년 말 통계)의 아랍에미리트연합을 제대로 이해하기 위해서는 두바이의 천지개벽만으로는 설명이 부족하다. 태부족이다.

　아부바디의 비전과 약진을 추가해야 된다. 이런 지적 추가는 많을수록 좋다. 이러한 추론은 그래서 더 설득력을 얻기 마련이다. 다른 도시국가 샤르자까지 챙겨서 교집합해야만 진정한 아랍에미리트연합(UAE) 비전이 성립될 수 있다는 것은 중동지역 전문가들의 공통된 지적이다.

　너나없이 세계적인 금융위기를 겪으면서 이를 반면교사로 삼는 게 일반화된 경제운용의 흐름이다. 최근 아부다비는 변화의 중심을 향해 올인하고 있다. 문화도시의 건설을 콘셉트로 삼았음이 특별하다. 서울이 ‘Hi-Seoul’로 거듭나려고 하는 이치와 닮은꼴이다.

　우선 미래를 준비하기 위해 변화와 변신을 서두르는 모습을 비롯하여 국력의 극대화는 우리를 전율하게 한다. 특히 도시국가 차원의 경제적 여유가 보여준 최근의 경제 성적표는 세계 제일의 국부(國富)를 자랑하는 아부다비 투자청(ADIA)의 저력으로 통한다. 또한 포스트 오일머니의 발신지로서 아부다비의 변화를 읽게끔 도시 전체를 글로벌 스탠더드에 걸맞게 재정비시키고 있다.

이러한 변화야말로 엑설런트한 아부다비(excellent Abu Dhabi)의 등극을 의미하고 있다. 타의 추종을 불허하는 몸짓에서 그 진가가 발휘되고 있다. 이게 바로 우리가 주목하기 시작한 아부다비의 새로운 버전임과 동시에 미래가 기대되는 도시 아이콘이 된다.

지금까지 전 세계 매스컴은 두바이에 대한 선망(빛)과 우려(그림자)를 동시에 전하는 그 연장선상에서 아부다비의 경쟁관계를 논하기에 바빴다. 그러나 지금은 이 두 도시국가가 공생관계로 이해되는 끝자락에서부터 아부다비의 변화에 찬사를 보이기 시작했다.

이런 변화의 과정이야말로 우연이 아닌 필연의 산물로 간주하는, 경제안정성에 따른 프리미엄이 아닌가 싶다.

우연의 일치거나 기회의 포착이라면 일과성 발전으로 치부할 수 있지만, 2009년의 아부다비는 루브르박물관 분원(分院) 설치와 자동차 경주 포뮬러 1의 준비처럼 도시국가의 주인공답게 용트림한 대목들이 경이롭다.

이제 아부다비의 변화는 시작되었고 재정적 뒷받침에 의해 탄력을 받고 있음을 얼마만큼 이해시킬 수 있을까. 아부다비의 미래는 명실상부한 도시국가다운 혁신의 프로젝트가 진행되고 있음을 어떻게 소개할까. 지금처럼 석유와 천연가스 생산으로 마냥 국가적 운용을 유지할 수 없다는 판단에 의해서 새롭게 포스트 오일시대를 준비하는 모습은 과연 알라신의 계시일까.

이러한 세 가지 물음의 답변은 곧 '도시국가 아부다비'의 진면목이 된다. 한마디로 아라비아 문화의 창달과 도시 변화의 위력이 아니고는 설명 그 자체가 어렵기 때문에 그렇다. 설명의 의미를 현재진행형으로 쓰는 데서부터 '포스트 오일머니' 진행의 끝이 될 수 있다고 되묻게 만든다.

결국 '아부다비 실체'는 '포스트 오일머니'의 실체적 규명이 되었고 동시에 이 책의 전모가 되었다. 최근 들어 전 세계인들의 주목을 받고 있는 '제로카본시티' 도시건설을 추가시키면 다문 입이 저절로 열리고 만다.

이를 위해 필자는 모두 여섯 가지 주제로 나누어서 아부다비의 생생한 도시변신과 아랍도시문화 창달을 집필이라는 수단으로 내세워 이를 생산적으로 조명할 것이다. 동시에 역사적 사실과 지형적 사건을 적절하게 배합해 도시국가 아부다비 비전도 꼼꼼하게 챙길 것이다.

변화의 변방 아부다비가 이제 아랍문화의 주역으로 새바람을 일으키고 있다는 사실까지 추가시킴은 물론이다.

그러나 필자의 속내는 아부다비를 빅 메이커로 격상시켜 아부다비 디스커버리(發見-discovery)와 핸드세이크(現狀-handshake) 탐색의 극대화다. 글로벌 랠리의 안내이고 글로벌 엑설런트로의 초대일 수 있다. 여기서 디스커버리는 중동지역에서 가장 주목받는 아부다비의 변화일 것이고 그 다음 핸드세이크는 아부다비 지향점인 비즈니스 윈윈(business for win-win)으로 바꾸어 생각해도 무방하다.

사회경제학적으로 미뤄보면 제조업으로부터 자유스럽지 못하지만 그들의 미래 먹거리인 문화와 관광을 함께 추진하고 있는 팩트(fact)가 도움말이 된다.

끝으로 이 책이 나오기까지는 많은 분들과 도움과 협조가 있었기에 가능했다. 우선 주한아랍에미리트연합 압둘라 무함마드 알마이나(Abdulla Mohammed Al-Ma'ainah) 대사님을 비롯하여 대외협력관 김태선 님의 아낌없는 자료 지원에 힘입은 바 컸다.
다시 모든 분께 고개 숙여서 큰절을 곁들인다.

2009. 11. 5.
임 은 모
adimo@hanmail.net

Chapter 1

Corniche Road

POWER OF

도시국가 아부다비가 안고 있는 최대 도전과제 가운데 하나는 도시의 물리적 환경의 개선에 따른 기업들의 동참이다. 그러나 세계적인 기업들의 참여 동인은 생각보다 쉽지 않은 경제적 현실을 안고 있다. 실제로 미국발 금융위기는 아부다비를 예외로 두지 않기 때문에 그 실현 가능성을 세계가 주목하고 있다. 비록 경제적 풍요를 이룩한다 해도.

ABU DHABI

황량한 사막에서 그것도 문화도시를 꿈꾼다는 자체가 도저히 믿기지 않는데, 이를 현실화시키는 일이 가능하게 보이고 있다. 아부다비 경제현실은 모든 약속을 이행하고 계획을 실행에 옮길 명확한 비전과 운영체계, 천문학적인 자금투입과 함께 법률적 뒷받침까지 보완하는 기민성마저 보이고 있다.

Wherever you go, we extend your reach

바람이 분다. 스치며 지나가는 바람이다. 아라비아만(灣)에서만 느껴보는 북동풍의 다른 모습이다. 소금기 묻은 훈풍(薰風)은 그래서 더 정겹다.

8월 염천의 낮 기온이 섭씨 42℃를 오르내리지만 북동풍 자체도 도시냄새를 품고 있다. 자주 뉴욕 맨해튼 해안도로와 비교되는 7km의 코니치 로드(Corniche Road)는 아부다비를 대표하는 도시 이미지를 잘 살려내고 있다. 드높게 매달린 가로등이 그렇고 매끈한 아스팔트가 윤기를 내는 것이 그렇고 잘 정돈된 도시 구조물이 더욱 그렇다.

일몰의 시간이면 바다에 물안개가 낀 풍광은 가히 일품이고 모두를 압도하기에 충분하다. 거기다 밤이 깊어갈수록 이 해안도로는 아부다비의 도시 모습을 제대로 연출하기도 한다. 훈풍을 품어보려는 아부다비 시민들의 행렬이 자동차로 연출한 결과다.

해안도로를 걸어 다니는 인파보다 자동차를 이용한 드라이브 코스로서 코니치 로드는 제격임이 빈 말이 아니게끔 살아 있는 도시로서 제 모습을 갖추기 시작한다. 이 때문에 뉴욕의 해안도로와 비교해도 아무런 손색이 없다.

비전의 실현과 도전과제

도시국가 아부다비가 안고 있는 최대 도전과제 가운데 하나는 도시의 물리적 환경의 개선에 따른 기업들의 동참이다. 그러나 세계적인 기업들의 참여 동인은 생각보다 쉽지 않은 경제적 현실을 안고 있다. 실제로 미국발 금융위기는 아부다비를 예외로 두지 않았기 때문에 그 실현 가능성을 세계가 주목하고 있다. 비록 경제적 풍요를 이룩한다 하더라도.

우선 도시국가의 야심찬 계획을 실현할 인재가 필요했다. 여기에다 도시국가 비전의 가시화를 이루어내기 위해서는 동참할 세계적 기업들의 요구를 너그럽게 들어줄 관대함도 필수다.

균형 잡힌 도시국가의 발전을 가져올 필수적인 정책적 개입은 매우 민감한 사안이 되고 있다. 물론 아부다비는 아랍에미리트연합(UAE)의 수도로서의 기능과 에미리트로서의 도시국가 위상을 겸해야 하는 요구도 고려해야 한다. 더 깊게는 국가적 차원의 철저한 관리가 우선임을 그들은 잘 알고 있다.

최우선적으로 많은 에미리트 청년과 로컬들을 노동인력으로 전환하고 외국인 노동자에 대한 의존도를 낮추기 위해서는 교육제도와 인구정책의 정비가 시급하다는 것을 아부다비 지도자는 잘 알고 있다. 그러나 외부 노동력이 없이는 아부다비의 야심찬 일련의 도시개조는 불가능하다. 그렇다고 에미리트 노동자 할당제 규모를 늘릴 경우, 동참기업들의 정착에 방해가 되는 것도 예상되는 문제이다.

미래를 향한 도시건설

세계 일류도시를 만들려는 프로젝트는 지구촌 곳곳에서 시행되고 있다. 이미 아부다비는 도시개조론부터 한 발 앞서고 있다. 특히 문화와 전통, 그리고 환경과 사람을 중시하는 아부다비 지도자는 오일머니로 풍부해진 자금을 기반으로 각종 도시 인프라 구축에 남다른 노력을 들이고 있다.

지속가능한 세계적 도시 건설 지향의 '아부다비 2030(Abu Dhabi 2030)'이 그 대답이다. 오는 2020년까지 1차적으로 사회간접자본(SOC)을 겸한 건설투자비용으로 2,000억 달러를 책정해서 이미 일부는 집행하고 있다.

이 도시계획은 아부다비만의 독특한 도시 마스터플랜으로서 장기적인 성장을 제시하고 있다. 한마디로 문화와 관광을 함께 발전시키려는, 웅대하고 동시에 아랍버전다운 그리고 알차고 실속 있는 미래 비전으로 꾸미고 있다.

황량한 사막에서 그것도 문화도시를 꿈꾸는 자체가 도시 믿기지 않는데, 이를 현실화시키는 일이 가능하게 보이고 있다. 아부다비 경제현실은 모든 약속을 이행하고 계획을 실행에 옮길 명확한 비전과 운영체계, 천문학적인 자금투입과 함께 법률적 뒷받침까지 보완하는 기민성마저 보였다.

이제 문화가 도시를 먹여 살리는 아이콘이 된 지 오래다. 이를 아부다비가 미투(me too)한 것으로 치부한다 해도 결론은 이미 나 있다. 아부다비 도시개조는 계획된 일정표대로, 그것도 착실하게 수행되고 있다는 점이 신기할 뿐이다. 실제상황은 웨스트 코니치 로드(West Corniche Road) 소재 힐튼 아부다비 호텔 로비에서 맞닥뜨렸다.

Hilton Abu Dhabi Hotel

필자는 아부다비가 자랑하는 오성급 호텔 팔레스호텔에서 아라비아만의 특유의 낙조를 보기 위해 힐튼 호텔로 장소를 옮겼다. 첫눈에 세계적인 호텔 체인 힐튼의 명성대로 정돈된 모습과 휴식을 위한 장소로서의 격을 느낄 수 있었다. 굳이 다름을 찾자면 정원이 상대적으로 크다는 점일 것이다.

낙조의 황홀함에 취하면서도 로비에 비치된 한 장의 신문 광고에 손이 가고 만다. 이 지역의 대표적인 신문매체 하나인 〈걸프 뉴스(Gulf News)〉다. 아부다비에 둥지를 튼 통신업체 에티살렛(etisalat)이 내보낸 8단통 광고였다. 발전하는 도시모양의 비주얼과 한 척의 요트를 내세워 헤드라인은 이렇게 장식하고 있다.

'Wherever you go, we extend your reach'

직역하면 '당신이 어디를 가든 우리가 대신 찾아준다' 정도일 것이다. 보디 카피를 읽으면서 아부다비 실체와 조명은 휴대폰의 이용과 무관하지 않다는 점에 일순 미소가 번졌다.

'Our mobil coverage extends far from the coast into the deep seas and across the islands of the UAE(에티살렛은 UAE 전역의 깊은 바다와 먼 섬까지 커버하고 있습니다).'

존스 랑 라살이 극찬한 문화도시

세계적인 도시건설 컨설팅회사 존스 랑 라살(Jones Lang LaSalle)은 2007년 8월 '도약하는 세계 일류 도시' 라는 장문의 보고서를 발표한 바 있다.

미국 시카고에 본부를 둔 존스 랑 라살은 아부다비가 '신흥 세계 일류 도시(Emerging World Winning City)' 가 될 수 있는 최적의 요건을 갖추고 있다고 평가했다. 이를 요약하면 아부다비는 2010년까지 중심도시로, 2015년까지는 GCC권역의 중심지로, 2020년까지는 아랍문화 허브 지향의 문화도시로 성장할 것으로 예단했다.

세계적인 영향력을 가진 도시로서 중국 상하이와 인도의 뭄바이와 함께 아부다비도 여기에 어깨를 나란히 할 것이라고 전망했다.

존스 랑 라살은 지난 2002년부터 스타 도시 발굴 프로그램을 운영하면서 중국, 인도, 유럽, 라틴 아메리카, 중동지역 등 130개 신흥 도시들에 대해 지속적인 모니터링과 도시 잠재력 분석에 독보적인 존재였다.

이들은 나아가 아부다비에 대해 '글로벌 명품 도시의 등극' 을 예단하면서 도시 비전과 규모, 그리고 투자예산을 자세히 소개하고 있었다. 구체적인 제시에는, 엄청난 부를 창출할 수 있는 기회와 막대한 사회간접자본

(SOC)의 집행, 분명한 지도자의 비전과 탁월한 도시국가의 운영체계 수립, 천문학적인 오일자본의 가용성을 통해 지속가능한 성장 등이 꼽히고 있다.

예컨대 아부다비의 도시개조는 세 가지 훈풍에서 비롯되고 있다는 점이 설득력을 더하고 있다.

글로벌 경제의 구원투수

아부다비를 상징하는 세 가지 의미는 사막과 석유, 그리고 바다였다. 옛날 도시 버전이다. 그러나 지금은 아니다. 왜냐하면 세계 금융위기를 겪으면서 많은 변화와 개선에 따른 도시 창조를 내걸었기 때문이다. 문화와 관광을 함께 발전시켜나가는 아부다비의 변신이 주요 골자다.

따라서 아부다비 도시 버전도 이렇게 바꾸었다. 문화도시로의 전환이다. 이를 현실화시키기 위해 국부펀드운용(SWF: Sovereign Wealth Fund)과 포스트 오일머니(Petro Dollars)의 접목, 그리고 프랑스 파리를 닮은 문화도시의 실현이다.

실제로 아부다비는 도시 이미지로서 이를 공론화했다. 이미 거대한 자본력을—세계 최대의 국부 운용국가—동원하여 도시개발 원동력으로 삼아 도시국가 리모델링에 착수했다.

도시국가 아부다비는 전 세계 국부펀드운용(SWF) 규모에서 단연 세계 제일이다. 운용 규모가 8,750억 달러에 달한다. 노르웨이 글로벌 국민연금펀드 3,412억 달러의 2배 이상의 규모이다.

전 세계 금융업이 서브프라임 모기지(비우량담보대출)로 비롯된 글로벌 금융위기로 홍역을 치른 2008년 11월 들어 아부다비투자청(ADIA)은 75억 달러(7조 원)를 투자해 미국 시티그룹 지분 4.9%에 해당하는 전환사채를 사들여 세상을 깜짝 놀라게 했다. 당시 시티그룹은 서브프라임 모기지 부실운용으로 137억 달러의 자산삭감에 허덕이고 있었다. 공공연하게 비밀로 붙여진 것이 드러난 것은 그 다음 일이다.

세계 최대 금융그룹 시티그룹이 세계 최대 국부펀드를 운용하는 아부다비투자청에 러브콜을 할 수밖에 없었던 현실이 더 희극적일 수 있다. 이와 관련해 로이터통신은 ADIA가 전환사채를 모두 주식으로 바꾼다면 알 왈리드 빈 탈랄 사우디아라비아 왕자를 따돌리고 시티그룹 최대주주가 될 것이라고 보도했다.

마음만 먹으면 시티그룹 경영에도 직접 관여할 수 있다는 얘기와 마찬가지다. 지난 5년 동안 연속적인 고유가에 힘입어 막대한 오일머니를 등에 업은 세계 최대의 국부펀드 ADIA가 금융위기에 내몰린 시티그룹의 구원투수로 나선 형국이 연출된 셈이다.

한쪽은 돈이 급해서 이고 다른 한쪽은 돈을 더 벌기 위해 손을 잡아주는 형국이라고 볼 때 양자 간의 거래는 보기 드문 '오일머니의 비즈니스'라고 할 수 있다. 누이 좋고 매부 좋은 상생의 거래라 할 수 있기 때문에 그렇다.

현재 전 세계 국부펀드 규모는 약 2조 8,000억 달러. 헤지펀드(1조 7,000억 달러)와 사모펀드(6,000억 달러)를 합한 수치보다 더 많다. 글로벌 투자은행 모건스탠리의 애널리스트 스티브 젠(Stephen Jen)이 '모건스탠리 분석 보고서(6편-2007년 12월 10일자)'에서 밝힌 내용이기도 하다.

예컨대 지금 이 시간에도 불고 있을 아부다비 해안도로 코치니 로드의 북동풍의 의미는 제로카본시티(Zero Carbon City)에서 그 진가를 나타낼 수밖에 없다. 천문학적인 도시국가 리모델링 비용과 사회간접자본 투자의 재원(財源)에서 무엇보다 자유스럽다는 것이 아부다비발(發) 문화도시의 현주소다.

오일에서 오페라로

장소 만들기(place making) 기법이 도시문화 창조 전문가들의 무기고이다. 아부다비의 경우 문화와 사회, 환경과 이슬람 종교, 그리고 레저지향의 개발 필요성이 강조되면서부터 '장소 만들기'가 포함되었다. 아부다비가 아라비아와 이슬람 풍의 현대적인 도시를 창조할 수 있는 특별한 기회를 가지고 있음에서 비롯된다.

아부다비 지도자는 아랍사회에 존재하는 주제와 생활양식, 문화와 환경을 활용함으로써 전통과 현대의 조화를 꾀하는 그들만의 문화도시로 도시건설 르네상스의 콘셉트를 확정했다. 아부다비 도시의 가장 중심이 될 웅장한 사원지구(Grand Mosque District)에서 도시부흥정책이 이제 서서히 열매를 맺기 시작했다.

아부다비 문화도시 구축전략은 국제관광도시에 아부다비를 확고하게 자리를 잡게 하는 것이다. 문화도시의 핵이 되는 사디야트 섬의 문화지대(Cultural District)의 걸작 예술공연극장(Performing Arts Theatre)은 오일에서 오페라의 향기를 맡게 하는 일이 가능해진다.

이를 위해 아부다비는 아부다비관광공사(ADTA)를 발족시켜 운영하고 있

고 국영항공회사 에티하드(Etihad)의 편대를 전 세계 항공노선에 깔고 있
다. 이미 중국 베이징국제공항에는 에티하드 항공사 로고가 붙은 에어버스
A310이 오가고 있다.

아부다비의 상징인 7성급 에미리트 팰리스호텔(Emirates Palace Hotel)은
전 세계인의 관광명소로 발전했다. 2007년에 문을 연 아부다비 국제전시센
터(ADNEC)에는 각종 세계 정상급 전시회가 열리고 있다.

이러한 지속가능한 성장은 곧 아부다비만이 갖출 수 있는 오일머니의 저
력이다. 저력으로는 표현이 부족할 수 있다. 괴력이라 정정해도 의미와 가
치는 똑같다. 왜냐하면 미국발 글로벌 금융위기에서도 아부다비는 문화도
시 건설에 연기나 취소 없이 그대로 진행시키고 있다. 존스 랑 라살이 최상
의 찬사와 함께 'A+' 의 평가를 내리고 있음이 이를 잘 설명해 주고 있다.

풍광이 뛰어난 아부다비 해안도로를 걷거나 차로 달려보면 정겨운 아부다비 도시모습을 느낀다. 자주 뉴욕 맨해튼 해안도로와 비교되고 있는 7㎞ 길이의 코니치 로드(Corniche Road)는 아라비아만 특유의 낙조(落照)가 가히 일품이다.

이미 앞에서 언급한 대로 그만큼 격이 있고 운치가 있고 국제도시다운 아름다움을 가꾸고 있다는 점이다. 분명 그러한 의미부여에는 무엇보다도 아부다비의 도시 분위기가 안정성과 성장성을 동시에 지향하는 것에서부터 점수를 받고 있다. 글로벌 엑설런트(excellent)한 도시 풍광이다.

하긴 아부다비 도심의 특징으로 굳어지고 있는 가로수 풍경은 중동지역 도시에서 으뜸이 되고 있다. 사막의 도시국가에서 그것도 거의 돈의 힘에 의해 그토록 잘 다듬어진 야자수 거리라는 점에서 아랍에미리트에서도 모범으로 꼽고 있기 때문이다.

Sheikh Zayed Road

아부다비의 연간 강우량은 고작 100mm 안팎이다. '고작'의 의미를 빌어서 써도 좋을 만큼 정말로 100mm 정도에 불과하여 애당초 비다운 비는 기대할 수 없다. 그렇다면 그 많은 가로수를 어떻게 관리할까?

비밀은 모든 가로수 밑에 호스를 깔아서 관리하는 데 있다. 해뜨기 전과 해진 후에 물을 공급하는데, 낮에는 물이 고무호스를 나오기 무섭게 증발해 버리기 때문이다. 그리고 모든 가로수 급수는 바닷물을 담수화해서 사용하고 있다.

아부다비의 담수화 비율의 70%가 가로수와 공원에 사용되고 있기 때문에 '돈의 힘'은 불가능을 가능하게 만들고 있다. 모든 과정은 컴퓨터로 관리하기 때문에 연간 수억 달러의 관리비용이 들어간다. 어느 누구도 꿈도 못 꿀 일이 아부다비에서 현실화되고 있다.

아부다비는 UAE 초대 대통령이자 선대 아부다비 국왕이었던 세이크 자에드가 나무심기를 국가의 제1사업으로 정하고 모든 오일달러를 녹화사업에 투입했다. 녹색혁명을 달성한 셈이다. 아부다비 해안도로뿐 아니라 아부다비 도심 70%가 녹지로 조성될 수 있었던 힘의 배경이다. 그의 업적을 기려 아부다비와 두바이를 잇는 고속도로 이름마저 세이크 자에드 로드(Sheikh Zayed Road)로 정한 것에서도 이를 잘 알 수 있다.

에미리트 팰리스호텔 vs 부르즈 알 아랍호텔

중동지역 경제발전의 상징으로 떠오르고 있는 두바이에 배의 형상을 이미지화시킨 7성급 초호화호텔 부르즈 알 아랍호텔이 있다면, 아부다비에는 아라비안 궁궐의 원형을 본뜬 에미리트 팰리스호텔이 있다.

2005년 말에 오픈한 팰리스호텔은 면적이 7만 평을 넘고 내부가 황금색으로 치장한 초호화판 호텔이다. 아부다비 국왕의 소유인 이 호텔도 스스로 '7성급 호텔'이라고 자랑한다. 원래는 국왕의 전용 별장으로 사용하기 위한 건축물이지만 리모델링을 거쳐 두바이 부르즈 알 아랍호텔의 유명세를 잠재우기 위해 용도를 변경했다.

아부다비는 아랍에미리트 7개 토후국에서 맏형이지만 글로벌 금융위기가 찾아오기 전까지는 두바이 그늘에 가려 주목을 받지 못한 것도 엄연한 사실이다. 아부다비로서는 세계 3대 산유국인 아랍에미리트에서 원유생산량 92%와 연방재정 80%를 담당하고 있기에 자존심(?) 상한 일일 것이다.

포스트 오일머니까지 챙기는 에메랄드(emerald)

그러나 아부다비의 지향점은 이것을 초월하고 있다. 언젠가는 바닥을 보일 석유와 천연가스를 염두에 두고 국가미래를 생각하는 '포스트 오일머니' 가 국가정책의 기본이 된 지 오래다.

아라비아반도에서 진주조개 잡이로서 생계를 유지했던 1950년대 아부다비가 아니라 은근한 비색의 취옥(翠玉)을 닮은 중동지역의 도시국가 에메랄드를 지향하고 있는 것이 옛날과 사뭇 다르다.

1998년 모라토리엄(채무지불유예)의 불명예를 겪은 러시아가 에너지 주도로 방전이 없는 에너자이저(energizer)로 군림했던 일이 과거지사였다면, 지금 글로벌 금융위기를 겪으면서부터 아부다비는 '포스트 오일머니' 에 대한 준비로 국가미래를 챙기고 있다.

바로 이 점이 러시아의 다른 패턴이다. 그래서 아부다비는 이러한 정책기조를 바탕에 깔고 앉아 문화와 관광을 함께 발전시켜가는 아부다비식 도시 창조가 돋보인 대목이다.

부르즈 알 아랍호텔과 에미리트 팰리스호텔의 단순비교가 아니더라도 다른 지향점 확보를 통해 새로운 도시국가를 추구하는 아부다비의 국가정책에서 우리는 많은 것을 생각하게 한다. 아니 한수 배울 수밖에 없다.

중동지역의 국가들은 어제의 그들이 아니다. 오랜 전쟁의 여파로 산전과 수전은 물론 공중전까지 경험한 그들이기에 이미 비싼 수업료를 낸 만큼 국가 재창조에 발을 벗고 나섰다. 그냥 유비무환이 아니라 지금의 부를 토대로 역발상 아이디어까지 동원해 미래까지 챙기는 실익계정(實益計定)에 매진하고 있다.

지금까지는 오일머니라는 에너지에만 의존하던 아부다비 경제가 도시국가 재창조라는 기치 밑에 세계인이 놀랄 대역사를 연출하기 시작했다. 도시국가 아부다비는 '아부다비 2030'을 발표하면서 2,000억 달러를 도시 개조에 투입할 예정이다.

이러한 모범답안을 쓰고 있는 도시국가 아부다비는 나아가 '포스트 오일머니'를 진지하게 조사 · 분석 · 연구하는 일을 수행하여 내일의 준비에 박차를 가하고 있다. 이러한 실증적 증거는 에티하드항공(Etihad Airways)의 성공사례가 대표적인 케이스에 속한다.

사디야트에 들어선 루브르박물관 분원

프랑스인들은 자국의 국가관을 대강 세 가지로 규정하고 있다. 힘(la force) · 위대한 국가(la grande nation) · 프랑스다움(la france) 등이 그것이다. 그래서 프랑스인들은 자국의 영광과 명예의 상징이며 동시에 자신의 신명을 다 바쳐서 충성해야 할 대상으로 인식(또는 간주)하고 있다.

5,700만 프랑스인들은 유럽대륙에서 찾아보기 힘든 애국자들이다. 이러한 프랑스인다운 애국심은 위대한 역사적 업적을 근거로 하고 있다는 점에서 시사하는 바 크다.

도시국가 아부다비의 애국심은 디슈다샤(dishdasha)와 칸두라(kandura)라는 남녀 아랍의상을 통한 우월감과 자존심에서 평가받기를 원하고 있어 좋은 대조를 이룬다. 그래서 아부다비 로컬들은 역시 영국 역사와 프랑스 문화에 대한 경외심을 애국심의 상징으로 대접하고 있다.

세련되고 미화되는 인류사적 문화유산에서 자신의 정체성을 찾고 있는 아부다비의 문화사랑은 사디야트(Saadiyat) 섬의 문화지구 구축에서 잘 드러나고 있다.

토마스 크렌스 관장의 문화지구 예찬

사디야트 섬은 뉴욕 맨해튼의 반만한 크기로 문화지구는 30%를 차지하고 있다. 그곳에 오는 2012년 프랑스 문화의 상징물인 루브르박물관 아부다비 분원이 문을 연다.

아부다비를 찾을 외국 관광객들은 이제 오전에는 바젤 아트페어를 둘러보고 나서 현대미술관에서 점심을 먹는다. 오후에는 헬리콥터를 타고 사막 곳곳에 숨어 있는 설치미술을 찾아보고 저녁에는 사디야트 문화지구에서 저녁식사까지 곁들인 루브르박물관을 구경할 수 있다.

아부다비만이 생각하고 또 연출할 수 있는 세계적인 문화유적 답사는 문화도시를 디자인하고 있는 미국 구겐하임 재단에 의해 재연되고 있어서 벌써부터 관심의 핵이 되고 있다.

2006년 10월 한국 서울을 방문했던 구겐하임 재단의 토마스 크렌스 관장의 연설 내용에서 밝힌 내용과 일치한다. 10월 30일 서울 용산 국립중앙박물관에서 열린 특별강연 '박물관 건축과 박물관 미래'라는 주제 발표에서 '미래예술의 도시'로 아부다비 문화지구를 꼽았다.

그가 루브르박물관의 아부다비 분원 설치에 높은 점수를 주는 것에는 이해가 가는 대목이다. 사막의 도시 아부다비가 세계적 인류문화 향유까지, 불가능한 사건을 가능한 사건으로 만들어내고 있기 때문이다.

루브르박물관 서울 나들이

2006년 11월 1일부터 2007년 3월 18일까지 장장 135일 동안 서울중앙박물관에서 열린 '루브르박물관 소장품 전시회'는 관객동원 100만 명을 기록했다. 미술공부의 메카로 불리는 루브르박물관의 위력을 실감시킨 프랑스 문화 이벤트임을 확연하게 인식시켰다.

루브르박물관이 지닌 미술의 역사가 그대로 소개되는 빅 이벤트답게 많은 관람객들은 르네상스·바로크·로코코·신고전주의·낭만주의 등 미술사 조류의 장르를 한 자리에서 만끽한 데 부족함이 없었던 것이 관람객 동원의 비결이 되었다.

테오도르 제리코의 '메두사호의 뗏목-첫 번째 습작'이 그렇다. 고전주의 화풍에 불만을 품고 있었던 제리코는 당시 프랑스에 있었던 실화를 작품소재로 삼아 강한 명암과 색채 효과를 바탕으로 박진감 있게 그려냈다. 이 작품이 바로, 1816년 프랑스 군함 메두사호가 난파당해 급조된 뗏목을 타고 표류하던 생존자들의 생생한 증언을 토대로 그려진 세기의 명작으로 서울까지 온 것이다.

여기에 그치지 않고 많은 작품이 줄을 이었다. '속죄하는 성 제롬이 있는 풍경'과 '목욕하고 나온 다이아나' 등이 그것이다.

로마의 실존 수도사 성 제롬이 사막에서 발에 가시가 찔린 사자를 구해주었고 그 사자는 성 제롬을 평생 따라다니며 은혜를 갚았다는 티치아노의 '속죄하는 성 제롬이 있는 풍경'은 일품이었다. 또한 프랑수아 부세의 '목욕하고 나온 다이아나' 앞에는 더 많은 관객들이 모여들었다.

아부다비 미래 구상의 실체는 사디야트 문화지구에서

도시국가 아부다비에는 200여 개의 섬을 거느리고 있다. 육지에서 겨우 500여 미터 떨어진 곳에 위치한 사디야트 섬은 이제 아부다비 문화의 대표적인 문화명소로 떠오를 예정이다. 아부다비가 전통과 문화에 대한 열망을 단적으로 보여준 것이 루브르박물관 분원의 운영이다.

아부다비는 이 박물관 운영을 위해 1조 3,000억 원의 거금을 기꺼이 지불했다. 루브르라는 브랜드를 30년 동안 사용한다는 조건으로 프랑스에 4억 유로(약 5,500억 원)를 지불했다. 여기에 그치지 않고 작품 임대료와 노하우 컨설팅 비용으로 9억 4,500만 유로(약 1조 3,000억 원)를 추가시키는 조건까지 수용하였다.

사디야트 문화지구는 루브르박물관 분원을 비롯하여 국립박물관과 해양박물관 등이 들어설 예정이다.

프랑스 문화부가 지원하고 있는 아부다비 분원 설치는 루브르가 기술지원을 하고 전시품을 대여하는 것이 주요 내용이지만, 가장 핵심사항은 사막에 루브르라는 이름을 쓰도록 허용하는 일이 중요하다. 더 가치가 있다.

프랑스 정부가 많은 미술 전문가의 반대를 물리치고 아부다비 분원 설치에 적극적인 것은 해외 수출시장으로서의 아부다비를 염두에 둔 정책결정일 수 있다. ‘포스트 오일머니’ 와의 밀월에 의한 전형적인 문화정책으로 볼 수도 있다.

이러한 결정에 대한 감사 표시로 아부다비는 최근 에티하드항공을 통해 보잉 대신 에어버스 24대를 구입하는 등 경제협력을 구체화시켰다.

바니야스 구겐하임 미술관

아부다비 바니야스 섬에 설치될 구게하임 미술관은 빌라오 구겐하임 미술관을 설계한 세계적인 장치미술가 프랭크 게리가 기본 설계를 맡았다. 이 세계적인 문화 프로젝트는 장 누벨(고미술관)과 렘 쿨하스(국립박물관), 그리고 안도 다다오(해양박물관) 등 세계적인 건축가들이 참여한다.

바니야스 섬이 건축물 신축에 그치지 않고 더 눈길을 끌게 되는 데는 소프트웨어에서이다. 2010년부터는 아부다비 비엔날레가 열리고 바젤 아트 페어도 아부다비가 개최한다. 여기에는 전 세계의 예술가를 비롯하여 아트 디렉터와 화상(畵商)들이 대거 몰려와 아트 비즈니스센터로서 거래장소 제공까지 겸하게 된다.

이러한 일련의 문화대사건이 지금 아부다비에서 진행되고 있다. 이미 계획단계를 넘어 실천단계로 진행되고 있다.

프랑스 역사적 자존인 나폴레옹은 개선문·방돔 광장 등 프랑스 영광을 기리는 대역사를 이루었다. 프랑수아 미테랑 전 프랑스 대통령은 700여 년에 걸친 루브르궁 건설의 완공과 세계 최대의 국립 도서관 등 역사적 건축물을 완성시켰다. 반면 아부다비 지도자는 다른 차원에서 사막에다 루브르 박물관을 옮기고 있는 것이다.

결론적으로 아라비아만에서 부는 바닷바람은 곧 아부다비가 품고 있는 훈풍이다. 거듭 강조하지만 훈풍에 감겨오는 아부다비 문화 이미지는 사막에서 부는 황량한 모래바람과 매우 다르다.

바로 이 점이 중동지역의 선구자 아부다비의 저력임과 동시에 훈풍의 걸작으로 볼 수 있다.

아부다비의 날개 에티하드항공

엑설런트 1

2005. 12. 20.

장소는 유럽연합 브뤼셀국제공항.

연합(Unite)을 네이밍 해서 출발한 에티하드항공(Etihad Airways) 501편은 중앙활주로에 사뿐하게 안착했다. 소방차의 축포를 받은 탑승객들은 곧바로 피어슨 VIP 리셉션으로 안내받아 역사적인 에티하드항공의 유럽지역 첫 취항 기념식 파티에 참석하였다.

엑설런트 2

2005. 7. 21.

세계적인 통신사 AP는 전 세계에 긴급 뉴스를 타전하고 있다.

내용은 이렇다.

'유럽 최대의 항공기 제작사인 에어버스는 신생항공사인 에티하드항공사에다 70억 달러 규모의 대형 항공기 판매계약을 성사시켰다. 초대형 항공기 A380 4대를 포함하여 일반 기종 21대 등 모두 24대의 비행기를 납품

하는 일이다. 이 거래는 영국 판버러 국제에어쇼에서 가장 큰 거래로 기록
되었다.'

엑설런트 3

某年. 某月. 某日.

독수리 문양을 닮은 심볼 마크를 비행 날개에 단 에티하드항공은 인천국
제공항에서 첫 승객을 내리고 있다. 승객들은 한국인 출신 승무원의 기내
안내를 받고 만족한 모습이 역력했다.

그들 손에는 축하기념 봉투와 함께 기내잡지 〈에티하드 홀리데이(Etihad
Holidays)〉 한 권씩이 들려져 있다. 〈에티하드 홀리데이〉는 에미레이트항공
기내잡지 〈오픈 스카이스(Open Skyies)〉와 다른 포맷을 제안해서 승객의 니
즈부터 챙기고 있다.

지금까지는 아랍에미리트연합을 상징하는 에미레이트항공이 인천공항을
오고갔지만 이제부터는 에티하드항공이 가세하여 복수항공사 시대를 열게
되었다.

두바이에 에미레이트항공이 있다면 아부다비에는 에티하드항공이 있다
는 점이 그대로 뉴스감이 된다. 인구 560만 명에 일곱 토후국으로 구성된
아랍에미리트엽합이 두 개의 국제급 대형 항공사를 운영하고 있다는 그 자
체가 곧 경이로움이 되고 남는다.

이러한 일은 최근 한국과 아부다비 두 나라 관계기관에서 이미 토의 과정
을 거쳐 취항시기와 방법만 남아 있다.

2003년 11월 5일 첫 취항

글로벌 랠리(Global Rally) 역사를 쓰고 있는 아부다비의 에티하드항공은 올해로 취항 6년째를 맞고 있다. 신생 항공사다.

이미 포화상태를 이루고 있는 국제항공산업에서 신생 항공사 출범은 절대적 무리라는 꼬리표에 자유스럽지 않다. 그렇다 해도 에티하드항공은 에어버스의 최대 고객으로서 국제항공사 대열에 명함을 디밀었다.

2003년 11월 5일, 이날은 에티하드항공의 역사적인 날로 기록되면서 베이루트에 첫 기항을 시작으로 지금은 세계 40여 곳에 취항하고 있다. 오는 2010년에는 서른 개 노선이 추가되어 모두 70개로 늘어날 계획이다. 가까운 내일에 인천국제공항과 나리타국제공항이 포함됨은 물론이다.

하지만 우리가 에티하드항공을 주목한 이유는 짧고 일천한 기업역사 속에서도 승승장구하고 있는 배경에 대한 부분이다. 이는 바로 차별화된 경쟁력 확보로 이해되는 세 가지 실천사항이 있기 때문이다.

첫째, 고객위주의 비행 스케줄을 짜서 경쟁력을 살리고 있다는 점이다.

예를 들면 승객이 도착지에 내려서 하루 일과를 보내고 당일로 귀가하는 데 신경을 쓴 대목이다.

둘째, 방송시스템의 완비다. 정보화시대를 리드하는 항공사답게 모든 기내 방송시스템이 선진화되어 있어서 그만큼 선호하는 항공사로 등극된 점이다.

셋째, 기내 서비스에서 탁월하다. 비행기에 최적의 승무원 배치를 우선적으로 고려해 언제 돌발할지 모르는 불편을 해소하고 있다는 점 등이다.

이러한 에티하드항공 노력과 봉사, 그리고 서비스 정신은 중동지역은 물론 유럽에 이르기까지 타고 싶고 더 이용하고 싶은 항공사로 선정되고 있다. 국제항공기관으로부터 받은 상들이 이를 뒷받침해주고 있다.

그래서 그냥 선정되었다는 것으로는 부족할 수 있다. 왜냐하면 에티하드항공이 소재한 아부다비의 반경 300㎞ 안에는 에미리트항공을 비롯하여 카타르의 카타르항공과 바레인을 기반을 둔 걸프항공까지 모두 4개의 항공사가 자리를 잡고 있다.

항공사의 경쟁력은 첫째도 서비스요. 둘째도 승객들을 위한 최상의 서비스에서 비롯된다는 점에서 우수항공사로서의 선정 결과는 에티하드항공을 사랑하는 모든 승객들에게서 평가받은 기념비적 사건이 된다.

아부다비가 벤츠를 품은 뜻은

행정도시 아부다비와 경제도시 두바이는 직선거리로 170㎞ 내외다. 자동차로 두 시간이면 두 도시를 넘나들 수 있다. 그러나 확연하게 두 도시의 특색과 운영은 분명하게 선을 긋고 있다. 두 도시를 잇고 있는 왕복 8차선 세이크 자에드 로드를 달려본 사람이면 다 아는 일이다.

똑같은 교통안내판에도 조금씩 차이나 나고 가로수 조성 방식과 운영의 차이가 저절로 느껴진다. 달리는 자동차 번호판들이 각기 다름도 예외일 수 없다. 이처럼 두 도시의 독특함과 차별성을 자동차로 비유해보면 두바이는 BMW에 가깝고 아부다비는 벤츠에 가깝다.

똑같은 독일산 자동차이지만, BMW가 유행의 첨단을 특화한 것에서 점수를 얻는 반면 벤츠는 고품격 지향의 럭셔리 명품을 자랑한다. 두바이가 해외 쇼케이스 개념으로 BMW를 닮았다면, 아부다비는 부와 명예를 함께 지닌 부자국가 이미지로서 벤츠를 빼다 박았다.

그동안 아부다비가 여러 가지 사회간접자본(SOC)을 통해 구축했거나 구축을 서두르고 있는 문화시설들은 결국 아부다비 정체성을 극대화하면서 동시에 '문화와 관광을 함께 발전시키자' 는 원대한 미래전략이 그대로 녹아 있다.

따라서 아부다비 접근 문화아이콘은 석유화학과 철강, 그리고 알루미늄 등 중화학공업 이상으로 그 중요성을 인정받고 있는 데서 출발했다. 문화가 도시국가를 먹여 살리는 기간산업의 핵임을 잘 알고 있다는 몸짓이다. 소홀하게 취급하기 쉬운 문화아이콘까지 챙긴 것에 대한 찬사야말로 정말 아부다비의 힘이다.

자동차의 꿈

자동차를 좋아하는 사람이건 아니건 누구나 꿈을 꾼다. 언젠가는 꼭 한번 가지고 싶은 자동차는 벤츠이거나 BMW일 것이다. 세계의 유명인사라면 이 둘 중 하나는 틀림없이 타고 있을 정도로, 이 두 자동차는 고급차의 대명사로 자리를 잡고 있다.

우선 자동차 메이커의 이름에서부터 특장점이 확연하게 구분되고 있듯이 아랍에미리트 두 도시국가 아부다비와 두바이의 도시 컬러가 다르다는 점도 이를 닮고 있다.

이 두 도시의 접근방식과 이해방식마저 다른 키워드로 작동한다는 점에 주목할 필요가 있다. 예를 들면 벤츠와 BMW는 영화 속에서의 충돌로 유명하다. 1997년 국내에서 개봉되었던 영화 '피스메이커'에서 벤츠는 BMW를 무참하게 깨뜨리는 연기를 리얼하게 해냈다. 한방 먹은 BMW도 질 수 없다는 듯이 007영화 18탄 '투모로우 네버다이'에서 화려한 반격을 개시했다.

지금 이 순간에도 어깨에 힘을 주며 세계를 달리고 있을 벤츠와 BMW를 생각하면, 이 두 도시의 현주소가 어디로 가고 있는가에 대한 유추가 가능해진다. 벤츠와 BMW가 시사점을 주고 있기 때문에 더욱 그렇다.

벤츠코드로 읽는 아부다비 경제

아부다비 선대 국왕이자 UAE의 초대 대통령을 역임한 고(故) 셰이크 자에드 빈 술탄 알 나흐얀은 강력한 리더십을 바탕으로 경제개혁을 이루어냈다. 그의 업적은 국제통화기금(IMF)과 세계무역기구(WTO)를 비롯한 주요 국제기구로부터 높이 평가를 받아내는 일에서 치적의 좋은 성적표를 쌓았다. 미래를 알차게 준비한 것이다.

같은 맥락에서 현직 UAE 대통령이자 아부다비 지도자 셰이크 칼리파 빈 자에드 알 나흐얀은 선친이 이룩한 성공적인 경제모델을 계승하고 발전시키는 데 국력을 모으고 있다. 특히 아부다비는 석유자원개발과 같은 상류부문(upstream)은 물론이고 석유화학과 같은 하류부문(downstream) 개발 프로젝트까지 꼼꼼하게 챙기고 있다.

1980년대 아부다비를 포함한 UAE의 경제는 비(非)석유산업이 총수출에서 29.5%를 차지하고 있었다. 그러나 2000년부터 2004년까지 5년 동안 그 비중이 52.3%로 높아졌다. 단순 계산해도 22.8%가 더 높다. 이와 같은 경제적 성과가 가능했던 것은 비(非)석유산업의 급속한 성장뿐 아니라 고유가 상승기조에 따른 추가 석유수입 발생이 주효했음을 알 수 있다.

최근 달러화 약세와 경제성장에 대한 높은 기대 때문에 아부바디 수출 경쟁력은 계속 강화되고 있다. 이런 관점은 아부다비 국정 운영의 길라잡이가 되고 있다.

아부다비 중공업은 주로 석유화학이나 금속과 같은 에너지 집약산업에 집중되면서 최근 아부다비 경제의 성장 동력으로 작용하고 있다. 이를 기회로 삼은 아부다비는 최근 들어 경제성장의 추이로 보는 수동적 관망세를 버리고 능동적 자세로 급선회하여 도시 기반 인프라 구축에 발을 벗고 나섰다.

도시국가 아부다비는 2007년부터 2012년까지 천문학적인 거금을 투자할 것을 천명해둔 상태다.

역시 벤츠는 벤츠였다. 아부다비가 구각을 깨고 제2 중동지역의 견인차로 다가오는 모습은 이제 빈말이 아니게끔 발전의 잰걸음을 걷기 시작했다. 그 시작은, 아부다비의 벤츠 사랑의 시작은 2009년 3월 아부다비 국부펀드인 아바르 인베스트먼트로 하여금 독일 메르세데스 벤츠를 만드는 다임러의 자본 9.1%를 확보해 최대주주로 등극되는 결과로 이어졌다.

블룸버그통신에 따르면 아바르 인베스트먼트는 주당 20.27유로로 19억 5,000만 유로(27억 달러)에 달하는 9억 420만 주를 투자했다고 밝혔다.

이러한 중동지역 거대 자동차 지분 참여는 곧바로 카타르투자청(QIA)에 의해 미투(me too)가 이어졌다. 대상은 독일 스포츠카 업체 포르쉐로, 카타르투자청이 포르쉐 지분 25% 인수를 결정하게 되었다. 카타르투자청의 투자 규모는 정확하게 공개되지 않았지만 포르쉐 시가총액 82억 유로의 지분 25%를 고려하면 20억 유로 이상이 될 것으로 예상된다.

따라서 2009년 6월, 미국의 지존심인 GM이 시티그룹과 함께 다우존스에서 낙마되고 다시 New GM으로 재편되는 과정을 지켜본 우리에게 아부다비가 다임러그룹의 벤츠를 품에 안은 것은 선견지명에 해당한다.

이래저래 아부다비가 벤츠를 품은 뜻이야말로 이를 통해 문화와 관광을 함께 아우르기에 혼신을 다하는 아부다비의 미래전략이 숨어 있음을 알 수 있다.

2009년 3월 27일자 영국 파이낸셜타임스(FT)는 이를 두고 이렇게 헤드라인을 장식했다.

'벤츠가 중동 자동차?'

Excellent Abu Dhabi

POWER OF

오늘의 아부다비를 완성시킨 고(故) 셰이크 자에드 대왕이 남긴 환경보호에

관한 훌륭한 발자취는 계속적으로 아부다비를 움직이는 원동력이 되었다.

아부다비의 거의 모든 정책결정과정에는 환경보호의식이 잘 반영되어 있다.

이러한 노력들을 2030년까지 지속적이고 꾸준하게 발전시켜 나가는 일정표

와 함께 예산 규모들이 '아부다비 2030'에 그대로 제시되어 있다.

ABU DHABI

아부다비는 옛날부터 진주잡이 고장이었다. 몇 세대를 걸쳐 진주잡이로 생업을 영위하던 아라비아만 연안 거주 아랍인들은 부족들을 중심으로 평화스러운 마을을 이루고 살았다. 1900년대 시대적 상황이었다. 그러나 일본이 진주양식에 성공하면서 자연산 진주채취는 더 이상 경쟁력을 갖기 어렵게 되었다.

아부다비 수장의 올인

넓은 국토와 인구가 많은 국가는 규모의 경제를 이룰 수 있다. 그러나 정책 결정은 항상 발목이 잡히는 단점이 도사리고 있다. 흔히 브릭스(BRICs)라고 불리는 브라질 · 러시아 · 인도 · 중국이 그렇다고 볼 수 있다.

반면에 싱가포르와 도시국가 아부다비는 여기서 예외가 된다. 분명 여기에는 세계가 인정하는 문화가 있고 정치지도자의 확고한 비전이 실천되면서 악조건을 상쇄시키는 일이 가능하기 때문에 그렇다. 문화와 천연자원, 그리고 지도자의 정책이 삼위일체로 구성되었을 때 전 세계로부터 주목과 찬사를 받고 그 국가의 미래는 축복받게 된다.

도시국가 아부다비의 미래와 매력은 앞의 세 가지 구비조건에 의해 빛을 발하고 있다. 아부다비 미래 엿보기는 바로 셰이크 칼리파 빈 자에드 알 나흐얀(HH President Sheikh Khalifa bin Zayed Al Nahyan) 대통령에 의해서 그 진가가 발휘된다.

안정적 경제기조 위에 도시국가의 성장성 추구를 통해 도시개혁의 기치를 높이 내건 통치철학이 먹혀든 결과다. 이웃나라 오만(Oman)의 카부스 빈 사이드(His Majesty Sultan Qaboos bin Said) 현 국왕의 정치철학과 닮은

꼴이다.

168만 명의 아부다비 도시국가 수장으로서 칼리파 대통령의 평가는 모든 국민들로부터 얻어낸 존경심이 중심을 이룬 결과라고 할 수 있다.

신뢰성을 확보한 대통령

2007년 3월 14일(현지시간) 아부다비 스포츠 스타디움 로열박스에 나온 칼리파 대통령의 모습은 지도자로서 덕목을 그대로 인지하게 했다.

환호하는 관중에게 손 한 번 크게 흔들지 않고 군중을 지긋이 응사하던 모습이 텔레비전 화면을 가득 채웠다. 위엄과 인자함이 아랍 정장(正裝)에 의해 감싸져서 국민신뢰에 만족하는 여유를 조용히 과시하고 있었다.

이러한 국민적 신뢰성 확보에는 곧 '아랍에미리트=아부다비' 라는 공식의 중앙에 칼리파 대통령의 통치철학이 존재함은 두 말할 필요가 없다. 이런 통치철학은 급조된 것이 아니라 선대 셰이크 자에드 시절부터 내려오고 계승된 결과물이다.

국민적 신뢰성 확보를 통한 통치 치적에 관한 다음의 도움말을 살펴보면 이해는 그만큼 빠르다.

자에드 대왕(Zayed the Great)

아부다비는 옛날부터 진주잡이 고장이었다. 몇 세대를 걸쳐 진주잡이로 생업을 영위하던 아라비아만 연안 거주 아랍인들은 부족들을 중심으로 평화스러운 마을을 이루고 살았다. 1900년대 시대적 상황이었다. 그러나 일본이 진주양식에 성공하면서 자연산 진주채취는 더 이상 경쟁력을 갖기 어렵게 되었다.

또한 제2차 세계대전 직후 새로 독립된 인도는 걸프지역으로부터 수입된 진주에 대해 높은 관세를 부과하기 시작하였다. 그 결과 이들의 주업이자 생업인 진주채취는 역사의 뒤안길로 사라지는 비운을 맞보게 된다.

이 시기에 등장했던 위대한 인물 가운데 하나가 아부다비의 셰이크 자에드였다. 그는 아부다비를 1855년부터 1909년까지 반세기 동안 통치하면서 아부다비 수장직에 오른다. 그가 바로 아부다비 역사에서 가장 존경을 받았던 '자에드 대왕(Zayed the Great)' 이다.

셰이크 술탄 시대에서 다시 셰이크 자에드 시대로

역사는 그대로 흘러 자에드 대왕의 아들 셰이크 술탄이 1922년부터 1926년까지 4년여 동안 아부다비를 통치하게 된다. 그가 이승을 등지자 그의 동생이 잠시 국정을 관장하였다. 그리고 1928년부터는 셰이크 술탄의 아들 셰이크 샤크부트가 부친을 이어 왕위에 등극하기에 이른다.

세월은 다시 흘러 셰이크 샤크부트의 동생이었던 오늘날의 아부다비를 이룩한 셰이크 자에드(Sheikh Zayed) 시대가 개막된다. 1966년 8월 6일의 일이다.

역사 교과서에 의하면 한국은 박정희 대통령이 제1차 5개년 도시 계획을

발표하고 있다. 그리고 간디(인도) · 낫세르(이집트) · 티토(유고) 등 비동맹 3
개국 수뇌회담이 열렸다. 그해가 루나 9호(소련)와 서베이어 1호(미국)가 달
표면에 연착륙하는 기념비적 우주항공기술이 이룩된 해이기도 하다.

자에드 대왕의 취임 2년째인 1968년 통치국 영국은 1971년 말까지 통치
지역 아라비아반도에서 완전히 철수하겠다는 의사를 밝혔다. 이 무렵 셰이
크 자에드는 신속하게 다른 토후국들과 긴밀한 협력관계를 구축하기 시작
했다. 두바이 수장 셰이크 라시드와 함께 연방국가 설립을 주도해 나갔음은
물론이다.

당시 두 인물은 7개 협정 국가를 비롯하여 카타르와 바레인도 연방국가
포함을 생각했다. 하지만 협상결과 6개 토후국(아부다비 · 두바이 · 샤르자 ·
움무 알 까르완 · 푸자이라 · 아즈만) 수장들만이 연방국가 수립안에 동의했다.

결국 1971년 12월 2일, 아랍에미리트연합(UAE: United Arab Emirates)이 정식으로 발족하여 오늘에 이른다. 라으스 알 카이마가 다음해 2월 10일 일곱 번째 회원국이 되면서 지금과 같은 연합체 국가를 이루었다.

셰이크 자에드 빈 술탄 알 나흐얀

자에드 대왕은 연방정부 결성 이후부터 2004년 11월 승하하기까지 33년 동안 UAE 대통령으로서 많은 공적을 남겼다. 압권은 연방정부 수립 이전의 일로서 하나의 드라마였다.

이란은 1971년 11월 30일 밤과 12월 1일의 아침, 라으스 알 카이마 영토의 일부였던 툼부(Tumb) 일부를 점령한 후 샤르자 영토의 일부인 아부무사(Abu Musa)에 군대를 상륙시켰다.

UAE 7개 토후국들이 공유해온 역사문화와 공동체 의식에 대해 전혀 알지 못했던 당시 외국 매스컴들은 이 신생국 생존에 많은 우려와 비판을 가했다. 그러나 UAE가 가지고 있는 특성과 장점을 누구보다 정확하게 파악하고 있던 셰이크 자에드는 이란의 무력을 잠재우는 데 헌신했다. 결국 초창기 비판주의자들의 전망이 기우에 불과했음이 판명되었다.

셰이크 자에드의 낙관론은 그의 유년 시절에서부터 비롯된 확고한 신념과 이슬람 신앙에 의해서 배양된 통치철학이 있었기에 가능했다. 실제로 셰이크 자에드는 유년시절부터 이슬람의 원리를 열심히 배우고 익혔다. UAE 문화공보부가 발행한 자료에 따르면 셰이크 자에드는 이슬람의 가르침을 평생 그의 신념과 원칙의 근간으로 삼았다.

그는 과격한 교리라든가 불행한 테러 등에 대한 비판은 이슬람의 진의를 왜곡한 사람들로부터 비롯된 것으로 간주했다. 이러한 자들은 이슬람 정신에 완전히 역행하는 것으로 단정했고 또한 이슬람 속에는 과격주의란 없다는 신조를 굳혔다.

이와 더불어 그는 중동지역 분쟁을 공정하고도 영구적으로 해결하기 위해서는 실질적이고 성실한 노력을 기울일 수 있는 강력한 국제적 연대 결성만이 필요다고 믿었다. 또한 종교 간의 관용과 대화, 그리고 상호이해를 강력하게 주장했다.

무슬림과 기독교 간의 대화에 각별한 관심을 표명한 점(an ardent advocate of dialogue between Muslims and Christians)도 중동지역 평화의 길라잡이가 되었다. 하지만 지난 2004년 11월 2일, 그 역시 이 세상을 등지게 되었다. 꼭 5년 저쪽의 일이다.

칼리파 대통령의 도전과 약속

2004년 11월 3일.

자에드 대왕이 승하하자 UAE 7개 토후국 수장들이 모인 최고위원회에서 셰이크 칼리파 빈 자에드 알 나흐얀은 UAE 대통령에 선출되었다. 1971년 연방정부 창설 이후 줄곧 대통령을 역임해왔던 선친 자에드 대왕의 자리를 승계한 것이다. 그의 나이 쉰여섯 살 때의 일이다.

그때까지 그는 아부다비의 왕세자로 책봉되어 선친의 뜻을 받들기 위해 혼신의 노력을 기울여 왔다. 셰이크 칼리파는 선친으로부터 매일 새로운 것을 배웠다. 그의 가치관과 통치철학은 선친의 많은 영향을 받게 된다. 그는 매사에 인내와 신중함이 필요하다(need for patience and prudence in all things)는 사실을 깨닫게 되면서부터라고 술회했다.

1948년 오아시스 도시 알 아인(Al Ain)에서 태어난 셰이크 칼리파는 유년시절 아부다비 동부지역 수장대리직에 책봉되었고 그 후 40년 동안 정부 행정업무에도 두루 관여했다.

아부다비 방위군(ADDF) 창설 주역

그는 1969년 2월 1일 아부다비 국방장관에 오르면서 아부다비 방위군 (ADDF) 창설이라는 중책을 맡게 된다. 아부다비 방위군은 훗날 UAE군(軍)의 모태가 되었다. 그리고 5년 후인 1974년 1월 20일, 그는 아부다비 행정위원회 초대 위원장직에 오른다. 그의 탁월한 지도력과 선친 자에드 대왕의 영향력 덕택으로 행정위원회는 아부다비 발전을 위한 다양한 개발정책에 착수할 수 있었다.

실제로 아부다비의 도시개혁과 도시발전을 제대로 알기 위해서는 셰이크 칼리파의 통치철학과 행적부터 챙기고 또 조사해 보라는 언론의 조언은 사실이었다. 그만큼 그의 업적은 크고 너무나 아부다비적이였기에 통치자의 진정한 신뢰성 확보의 중요성은 빈말이 아님이 입증된 셈이다.

예를 들어 칼리파의 작품으로 평가를 받은 '사회복지와 상업건물 관리청 (the Department of Social Services and Building)' 신설과 '민간 융자청(the Private Loans Authority)' 설립을 내세울 수 있다.

정부 부서의 주요 업무는 국민들에게 건축자금을 융자해 주는 것이다. 이 제도에 의해 6,000개에 달하는 고층건물이 들어서는 동기부여가 되었다. 또한 정부 세입을 국민생활 증진을 위해 사용하고자 하는 조치의 일환으로 정부 부서의 주요 업무를 발전시켜 나갔다.

석유 최고위원회(the Supreme Petroleum Council) 위원장 역임

1980년대 후반부터 그는 석유 최고위원회 위원장직을 맡았다. 이를 계기로 국가가 석유와 천연가스에 대한 의존으로부터 탈피하기 위해서는 반드시 경제구조를 다변화할 필요성이 있다는 사실을 강조하기 시작했다. 이런 점이야말로 아부다비의 정치와 문화, 그리고 사회와 경제의 진수(眞髓)가 된다. 지금까지 우리가 알지 못했던 숨은 사실이기도 하다.

특히 셰이크 칼리파는 하류부분(downstreme) 관련 석유산업을 발전시키기 위해 노력하였으며, 그 정책적 결단은 결국 루와이스(Ruwais) 지역에다 오늘날과 같은 대규모 석유화학산업단지를 조정하는 기틀을 마련했다.

대통령으로 선출된 이후에도 그의 치적은 전국 방방곡곡을 순회방문하면서 여섯 개 토후국 수장들과 만나 국민들의 요구사항이 무엇인가를 검토하는 참다운 지도자의 모습을 보였다. 전국 투어는 곧 셰이크 칼리파다운 이미지를 형성하는 계기가 되었을 뿐 아니라 안정과 신뢰의 두 마리 토끼를 잡는 국정철학을 이루어냈다.

하지만 대통령으로서 자신의 목표는 선친 자에드 대왕이 닦아 놓은 길을 걷는 것에 지나지 않다는 점을 숨기지 않았다. 그의 지도자다운 정책적 고민과 확고한 의지는 다음의 소회에서 잘 드러나 있다. 아부다비 미래를 위한 기본적 제시가 녹아나 있기 때문이다.

"미래의 국가는 수입원(收入源)을 다변화해야 할 것이다. 석유에 전적으로 의존하는 현 수입구조에서 점차 탈피해야 한다. 지금까지의 석유산업은 경제를 소생시키는 데 필요한 일시적인 수단에 불과하다. 우리는 자국민들의 훈련을 통해 고급 기술과 경쟁력을 갖출 수 있도록 다양한 계획을 추진할 것이다(will be based upon diversifying the sources of national income. Thus relying on oil as a source of income will be gradually reduced. Oil should be considered as a transitional industry. We are working within a plan laid down to train nationals so that they obtain a high level of proficiency and competence)."

도전 · 약속 · 희망

앞에서 밝힌 칼리파 대통령의 다양한 계획들은 곧 아부다비 문화와 아부다비 사회를 알고 이해하는 첩경이 된다. UAE 대통령이자 아부다비 지도자인 셰이크 칼리파는 선대 자에드가 심혈을 기울여서 다진 외교정책을 그대로 승계해서 정책의 일관성을 보여주는 데 전혀 빈틈이 없었다.

이 원칙들은 크게 두 가지로 요약할 수 있다.

첫째, 모든 원칙은 국제관계에서 상호존중을 기반으로 삼고 이를 지키면서 타국의 내정에 간섭하지 않는 불문율을 지키는 일이다.

둘째, 모든 원칙은 무력을 앞세운 영토 확장은 용인되지 않는다. 이러한 원칙으로 해서 결국 UAE는 이스라엘의 팔레스타인 점령지를 인정하지 않게 된다.

지난 1991년 이라크가 쿠웨이트를 점령하자 UAE는 같은 레벨에서 쿠웨이트를 지원하고 나섰다. 칼리파 대통령은 셰이크 자에드가 세운 외교원칙에 따라 평화적 수단에 의한 영토분쟁을 해결하려는 노력에서 한 치의 소홀함이 없게 처신했다.

따라서 칼리파 대통령의 약속과 도전이 담긴 평화정책은 지금도 같은 경제권역인 GCC 6개국과의 관계증진으로 그 힘이 이어졌다. 칼리파 대통령은 GCC 국가들과의 관계야말로 UAE 정치외교의 중심축이라고 이미 밝혀 두고 있다.

이와 관련해서 칼리파 대통령의 희망을 마저 들어보자. 그의 약속과 도전, 그리고 희망이 무엇이고 동시에 어떤 내용인가를 알 수 있다. 더 깊게는, 2008년 9월 미국발 글로벌 금융위기를 겪으면서 도시국가 아부다비를 '문화와 관광을 함께 발전시켜나가는 아부다비'로 리모델링하는 것에 대한 미래비전을 감지할 수 있기 때문이다.

"본인에게서 걸프지역은 하나의 실체요, 하나의 영토라고 확신합니다. 통합은 힘을 만들어 낼 수 있습니다. 또한 걸프지역이 UAE처럼 하나의 연합국 또는 단일 경제구역으로 발전함을 기대합니다. 오늘의 UAE가 보여준 성공이야말로 희망의 메시지입니다. 통합은 우리의 소망이자 신념입니다(I strongly believe that the Gulf region is on entry and one area. Unity is strength. It is my hope that we would be able to forge a greater union or federation, across the Gulf not just in the UAE. So the success of our federation in the UAE is a cause for hope unity is a conviction and a belief)."

아라비아 로렌스에서 아부다비 2030까지

'아랍지방의 사막은 영적인 어름집이다. 그 속에서는 알라신과의 합일이라는 비전이 모든 시대를 거쳐 오는 동안 지금도 변함이 없다.'

우리 시대의 작가 T. E. 로렌스의 〈지혜의 일곱 기둥(Seven Pillars Wisdom)〉에서 발췌한 내용의 일부다. 영국 옥스퍼드 대학을 수석으로 졸업한 로렌스는 1916년 28세의 나이에 영국 육군 정보장교 신분으로 오스만제국 해체라는 거대한 프로젝트에 착수한다.

이 책은 그가 경험한 중동지역 역사와 문화, 사회와 삶이 광활한 사막을 배경으로 쓰여진 자선적 소설이다. 그 유명한 영화 '아라비아 로렌스' 의 모티브가 된 작품이기도 하다.

1916년의 시대적 상황이라고 하지만 여기서 말하는 사막은 그때와 많은 다름을 보이고 있다. 도시국가 아부다비 버전으로 보면 사막의 위용과 함께 쏠쏠한 재미를 안겨준다.

비록 93년 전의 시대상황이라고 해도 아부다비 사막은 이제 세 가지 요소에 의해 달러박스가 되고 있다는 점에서 그렇다. 화석연료 석유와 천연가스 생산에 의한 경제기적들을 통해 지금의 아부다비의 부와 번영 그리고 미래가 모두 사막에서 비롯된 점이 더욱 그렇다.

아부다비 2030

도시국가 아부다비가 미래 구상으로 준비한 일련의 경제와 정치, 사회와 복지 등은 2007년 발표한 '아부다비 2030'에서 자세하게 제시되고 있다. 모두 146페이지에 5장으로 구분해서 밝힌 내용이다. 지속가능한 미래 성장을 노래하고 있다.

이를 통해 아부다비는 문화와 관광을 함께 발전시켜 나가겠다는 원대한 포부를 밝히고 있다. 우선 천연자원과 문화자원을 보호함으로써 '지속가능한 도시'를 만들겠다는 의지를 표명하고 있다.

경제운영을 비롯하여 도시 기반과 시설, 역사와 유산, 사회개발과 환경, 그리고 보건 등 7개 분야를 오는 2030년까지 선진국 수준으로, 그것도 지속가능한 성적표를 보이겠다는 것이 국가 로망이다.

너무나 방대하고 너무나 알찬 미래 계획들이 망라되어 있다. 이를 모두 소개하는 일은 무리수이지만 환경보호와 보건 부문을 요약해 보자.

2030년의 아부다비 환경보호와 보건

오늘의 아부다비를 완성시킨 고(故) 셰이크 자에드 대왕이 남긴 환경보호에 관한 훌륭한 발자취는 계속적으로 아부다비를 움직이는 원동력이 되었다.

아부다비의 거의 모든 정책결정과정에는 환경보호의식이 잘 반영되어 있다. 이러한 노력들을 2030년까지 지속적이고 꾸준하게 발전시켜 나가는 일정표와 함께 예산 규모들이 '아부다비 2030' 에 그대로 제시되어 있다.

예를 들면 시르 바니 야스(Sir Bani Yas) 섬의 야생동물보호구역은 지금도 특별하게 관리되고 있다. 이곳은 아프리카뿐만 아니라 아라비아에 있는 멸종위기에 있는 유제류(有蹄類) 동물들의 서식지가 되었다.

대표적인 멸종위기 동물로는 아라비안 타르와 둥근 뿔 영양 등이 있다. 인공번식 프로그램을 통해 2030년까지 미래지향적으로 이러한 동물들의 보존과 번식을 책임지겠다는 내용이다. UN환경 프로그램은 선대 셰이크 자에드 대왕의 환경보호에 대한 기념비적 업적을 기려 '위대한 지구인(Champion of the Earth)' 상을 추서했다.

또한 2005년 7월 아부다비 지도자 셰이크 칼리파는 '2005년 법률 16호'를 승인했다. 환경보호 차원에서 아부다비에 있는 환경보호기관을 개편하는 일이 골자였다. 이 법안에 따라 환경 및 야생동물 연구개발청(ERWAD)은 아부다비환경청(EAD)으로 바뀌게 되었다.

아부다비 로컬들의 평균 수명은 78세에 달한다. 이를 2030년에는 85세까지 늘리는 일을 목표로 하고 있다.

실제로 아부다비 의료기관들은 심장절개 수술이나 장기이식 수술과 같은 고난이도의 전문화된 의료 서비스를 제공할 수 있는 능력을 갖추고 있다. 과거에는 레이저를 이용한 무혈 수술이나 중재적 방사선과 같은 최첨단 기술 치료는 외국에서나 가능했다. 하지만 아부다비 보건 시스템에 의해 많은 발전을 이뤘고 이를 전문화하는 성과까지 얻어냈다.

아부다비 보건부(The Ministry of Health)는 이에 만족하지 않고 2030년까지 매년 평균 4.5%씩 예산을 증액하는 것을 천명했다.

비록 '아부다비 2030'에서 환경보호와 보건 부문의 소개는 주마간산 수준이라고 자평해도, 아부다비의 원대한 계획들이 너무나 알차고 일관성 있게 추진되고 있음에서 그 내용은 더 빛이 난다. 한마디로 아부다비는 낮에 꿈을 꾸고 있음이 그렇다. 때문에 이를 도시국가 아부다비에서 세 번째로 소개하는 이유이기도 하다.

아라비아 로렌스

영화 '아라비아 로렌스'에서 피터 오툴이 연기한 토마스 에드워드 로렌스가 꾼 꿈은 '아랍에 새로운 국가를 세우고 잃어버린 영향력을 되찾아주고 2억 명이나 되는 셈족에게 민족적 사고라는 정신적인 꿈의 궁전을 세울 수 있는 기반을 닦아주는 것'이었다.

이러한 일들이 모이고 모여서 결국 아부다비는 우리가 해내지 못한 '아부다비 2030'을 통해 전 세계인을 놀라게 하고 있다.

E. T. 로렌스가 〈지혜의 일곱 기둥〉에서 기술한 내용을

다시 읽어보면, 역사적 사건과 함께 아부다비 비상이 아라비아만의 물안개
처럼 우리 눈을 밝혀준다.

"누구나 꿈을 꾸고 있다. 그러나 그 꿈이 모두 같은 것은 아니다. 밤에 꿈
을 꾸는 사람은 밝은 아침이 되면 잠에서 깨어나 그 꿈이 헛된 것이라는 사
실을 이내 깨닫는다.
반면에 낮에 꿈을 꾸는 사람은 몹시 위험하다. 그런 사람은 눈을 활짝 뜬
채 자신의 꿈을 실현시키려고 행동한다. 그렇다. 나는 낮에 꿈을 꾸었다."

누가 아부다비 역사를 논하는가. 누가 아부다비 역사를 쓰고 있는가. 누가 아부다비 역사를 바꿔가고 있는가.

아부다비 문화가 대학교육과 우먼파워에서 빛을 발하듯이 556년 아부다비 역사기행은 단순한 히스토리로 규정하기는 부족하다. 객관적 기준이 존재하기 때문에 다른 역사 잣대의 적용도 필요하다.

하긴 문화와 역사를 따로 분리할 수 없는 객관적 논의가 될 수 없다 해도 글로벌 도시국가 아부다비를 조명하기 위해서는 아무다비 문화와 함께 아부다비 역사도 함께 알아보는 것이 중요하다.

1453년에 있었던 이슬람 히스토리

우리가 아부다비 역사를 이해하기 위해서는 무엇보다 우선하여 이슬람 역사와 배경을 이해하고 숙지하는 일이 필요하다. 여기다가 아부다비 비전을 교집합해 보면 하나의 히스토리가 되기 때문에 이런 전제조건 제시는 필요한 것이다. 전제조건 제시가 어렵다면 그냥 역사라고 이해해도 무방하다.

오늘날 시점에서 꼭 556년 전의 과거로 거슬러 올라가면 그 역사적 실체를 만날 수 있다는 것이 다행이고 축복이 된다. 여기다가 현재의 아부다비 이벤트를 추가시키면 더 없는 제시가 된다. 아랍어로 인샬라(알라신의 뜻대로)다.

AD 1453년 콘스탄티노플이 오스만튀르크에게 함락되었다. 콘스탄티노플은 오늘날 터키 제1의 도시인 이스탄불로 '세계 역사의 배꼽'이 된다. 아니 아부다비 역사의 비전으로 이해해도 된다.

우선 아부다비 역사 배경에서 이해되는 이슬람의 성장과 발달은 여기를 배제하고는 이해가 될 수 없다는 점이 숙명처럼 도사리고 있다. 결론부터 말하자면 이슬람 역사의 배경 설명이 이를 통해 가능하다. 그러니까 324년 로마황제 콘스탄티누스 1세가 로마제국의 수도를 이곳으로 옮기는 것으로 거슬러 올라간다.

로마가 로마 가톨릭의 중심지였다면 콘스탄티노플은 동로마제국 수도로서 당시 미개한 서유럽에 비해 찬란한 문화를 꽃피우고 있었다. 그러나 무섭게 뻗어나가던 오스만튀르크의 이슬람 군대는 발칸반도에 진출하여 세력을 넓이고 있었다.

이슬람 군대는 여러 차례의 포위 끝에 1453년 드디어 기독교 세계를 함락시켰다. 이슬람 역사에서 기념비적 함락 사건은 1453년, 여기에서 시작된다.

술탄 메머드 2세

당시 이슬람 군대를 총지휘하던 술탄(황제) 메머드 2세는 겨우 19세의 청년이었다. 그가 적도의 도시에 입성하여 먼저 내린 명령은 소피아 대성당을 이슬람 사원으로 바꾸도록 하는 지시였다. 이슬람 군대에 의해 함락된 콘스탄티노플은 세계 교통요지의 이점을 상실한 채 역사의 저편으로 옮겨 갔다.

이슬람교는 622년에 일어난 이래 800년이 넘게 승승장구하여 오늘날과 같은 이슬람교의 터전을 마련할 수 있었다. 유럽은 이슬람 세력에 의한 무역상실의 시대가 계속되자 중세 유럽의 경제지도가 바뀌는 결과를 가져왔다. 유럽에서 인도와 중국을 통하는 경제 무역통로 실크로드가 막히자 아프리카 대륙을 돌아야 하는 긴 항로가 대신 발달하는 계기가 된다.

바스코 다 가마의 인도 항로 개척이 이때 이루어졌고 그 다음은 콜럼버스의 신대륙 발견으로 이어졌다. 이슬람 문화의 결정판인 아부다비 역사도 1453년 역사 상황에 의해서 과거를 노래하고 오늘을 구가하는 시대적 산물로 남았다.

이슬람 세계의 위대함 블루모스크

아부다비를 처음 방문한 사람이라면 아부다비 도심에 즐비한 모스크의 정교함에 놀라게 된다. 전통과 역사의 도시답게 차분하고 때로는 고즈넉한 아부다비의 분위기는 아랍도시다운 운치와 문화가 함께 공존하고 있다. 그

래서 역사가들은 아부다비
의 이슬람사원들이 터키 이
스탄불에 있는 성소피아성
당과 대비되는 것에 동의하
고 있다.

로마제국의 뒤를 이은
비잔틴제국은 5세기 유스
티니 황제 때 최대 전성기
를 맞이하는 데 성소피아성당은 그 당시에 만들어졌다. 아부다비 도심에 즐
비한 이슬람사원처럼 웅장한 돔 양식으로 사방에 첨탑이 서 있다. 처음에는
성당으로 건축해 동로마제국 시절에는 그리스정교의 본산지였으나 오스만
튀르크 제국의 점령 이후에 이슬람사원으로 변모했다.

지금도 성소피아성당의 맞은편에는 온통 푸른빛을 발산하고 있는 블루모
스크가 정원을 사이에 두고 우뚝 서 있다. 비잔틴제국을 정복한 오스만튀르
크의 술탄 마호메드는 자신의 위대함과 이슬람 세계의 우월을 과시하기 위
해 성소피아성당을 능가하는 모스크를 건축하고자 했는데, 그 결과물이 블
루모스크다.

그래서 아부다비 역사기행은 556년을 거슬러 올라가야만 제대로 이해되
고 또 인지하는 노력도 필요하다고 볼 수 있다.

이 전통적이고 역사적인 아부다비가 변화와 발전에 의해 다시 새로운 도시
역사를 쓰고 있다. 아부다비의 자랑이자 도시발전상과 맥을 같이 하고 있는
'책의 축제'와 '국제 에어쇼'는 그 어떤 도시국가에도 흔하지 않는 범국가적
이벤트로 유명하다. 이는 아부다비만의 자랑이자 국력의 상징이 되고 있다.

하긴 세계 최대의 국부펀드를 운영하는 도시국가 아부다비의 저력을 우리는 익히 알고 있다.

17th Abu Dhabi International Book Fair

아부다비 역사를 노래하는 현장 이벤트는 지금도 계속되고 있다. 2007년 4월 5일부터 이슬람 도시국가 아부다비는 두 가지 역사적 이벤트 물결로 출렁이고 있었다. 하나는 17회를 맞고 있는 '책의 축제'로 성대하게 개최되었다. 칼리지타임에 따르면, 칼리파 대통령의 친동생이자 크라운 셰이크 알 나하얀(Al Nahyan)이 행사의 주최자이기 때문에 행사의 의미가 더해졌다.

마침 이 책의 출판용 관련 사진을 찍기 위한 필자의 세 번째 아부다비 방문과 때를 같이 하여 의미부여가 남달랐다. 다음날 이곳 신문들도 전시회 8일 동안 참관객이 무려 300만 명에 달했다고 전했다. 특히 북쇼 이벤트에 참가하는 참관객 대부분이 어린이들로 아부다비 미래에 대한 기대치를 키웠다고 자평했다.

Red Bull Air Race at the Abu Dhabi

다른 하나는 국제 에어쇼가 도시국가 아부다비에서 책의 축제와 함께 열렸던 일이다. 미국이나 유럽에서 있을 법한 역사적 이벤트가 그대로 아부다비 상공에서 펼쳐지고 있었다.

역사적 대사건이 일어난 1453년 이래 아부다비는 계속적으로 발전해오면서 지금도 국제적인 이벤트가 줄을 잇고 있다. 아부다비에서 일상을 살찌우고 있는 문화와 역사가 주는 의미를 설명하고 이해를 돕는 데 필요조건으로 삼았다는 증거가 아닐까 싶다.

하긴 사람이 사는 곳은 어느 지역이든 어느 나라이든 어느 민족이든 같은 철학에서 하루를 보내고 또 내일을 기다리는 일들이 있다. 아부다비의 미래 역시 로컬의 부와 풍요로움에 의한 세계관과 정신양식(mind style)이 건전하고 밝음이 예사롭지 않다.

미래학자 존 네스빗도 그의 저서 〈메가트렌드〉에서 이렇게 언급하고 있다.

"물질적 풍요는 수백만의 인구를 빈곤으로부터 벗어나게 한다. 그래서 자본주의는 우리가 놀랄 만큼 창의력을 발휘할 수 있다. 이미 자본주의 에너지는 새 시대의 개막을 마련해주고 생활수준을 향상시키면서 대부분의 인류에게 보다 나은, 보다 풍요한 삶의 기회를 제공한다."

New Face Abu Dhabi

POWER OF

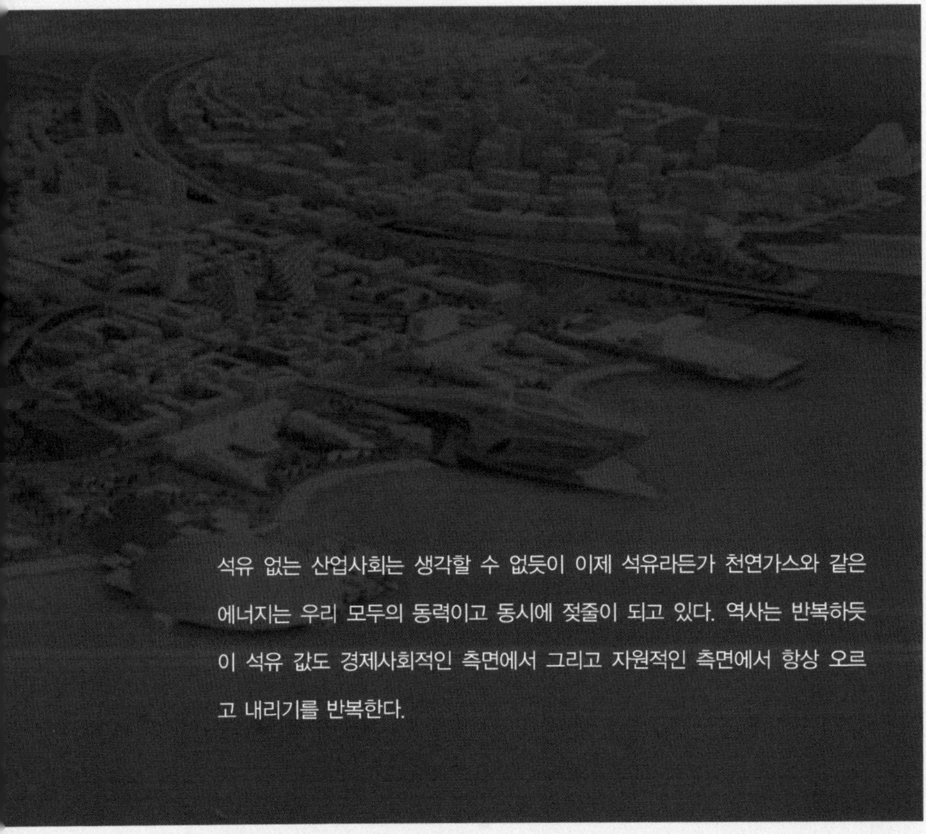

석유 없는 산업사회는 생각할 수 없듯이 이제 석유라든가 천연가스와 같은 에너지는 우리 모두의 동력이고 동시에 젖줄이 되고 있다. 역사는 반복하듯이 석유 값도 경제사회적인 측면에서 그리고 자원적인 측면에서 항상 오르고 내리기를 반복한다.

ABU DHABI

자원 민족주의의 다른 표현인 오일머니 파워는 국가 재정의 결정판에 그치지 않

고 국가기간산업의 뼈대를 이루고 있다. 오일머니 파워를 통해 안정적 경제기조

를 닦았던 아부다비가 최근 발을 벗고 나선 경제개혁은 결국 오일머니의 위력이

이를 가능하게 하는 에너지원이 되고 있다. 바로 돈의 힘이고 위력이다.

에너지가 세계 경제의 흐름을 바꾸고 있다. 에너지의 범위가 포괄적이라면 석유나 천연가스로 한정해도 마찬가지다. 생사여부를 결정짓는 법관이라도 여기에 미치지 못한다. 석유와 천연가스의 위력은 새삼스러운 일이 아니라 지구촌 개념의 세계화가 이미 그렇게 만들고 있다. 그 추세가 확대되면서 세계 경제 질서의 판도까지 뒤흔들 만큼 위세는 당당하다.

가히 보이지 않는 정부로서 오일머니 파워(Oil Money Power)를 형성할 만큼 그 파장이 힘을 발휘하는 이유는 이렇다.

세계 경제가 인터넷과 정보통신기술에 힘입어 고도성장을 하고 있는 가운데 자동차의 엔진처럼 에너지 확보는 필수적인 국가생존과 직결된다. 자원외교가 절대적으로 필요한 이유 하나만으로도 충분히 입증이 되고 남는다.

석유 없는 산업사회는 생각할 수 없듯이 이제 석유라든가 천연가스와 같은 에너지는 우리 모두의 동력이고 동시에 젖줄이 되고 있다. 역사는 반복하듯이 석유 값도 경제사회적인 측면에서 그리고 자원적인 측면에서 항상 오르고 내리기를 반복한다.

  2008년 7월을 기점으로 석유 1배럴당 국제유가는 147달러를 넘어섰다. 고유가 행진에 세계경제는 흔들렸고 그 와중에 미국발 금융위기가 겹쳤다. 한국에서 가장 많이 수입하고 있는 두바이산 원유가격이 2009년 2월에는 33.98달러까지 내렸다가 지금은 70달러(올해 8월 현재) 선에서 오르내리고 있다.

  불변이 아닌 가변인 유가에서 문화와 관광을 함께 발전시키고 있는 아부다비의 미래 준비야말로 석유 수출에서 그 힘이 나오는 것이라는 점은 그 어느 누구도 부인할 수 없는 사실이자 현실이다.

  같은 맥락에서 전 세계는 미증유의 경제적 불황 속에 신재생에너지 개발에 열을 올리는 계기가 되었다. 글로벌 경제위기 속에서 기회를 얻어내기 위해 발을 벗고 나선 것이다. 따라서 지구촌 소비자들은 화석연료를 대신하는 신재생에너지에 목을 매고 있고 이를 위해 긴 시간이 필요함에 동의한 터다.

자원 민족주의

  최근 고도성장을 하고 있는 중국·인도의 에너지 소비가 급증하면서 수급 불균형 현상이 갈수록 심화되고 있다. 따라서 전 세계는 석유·천연가스·석탄 등을 확보하는 데 혈안이 되고 있다.

  1, 2차 오일쇼크를 주도했던 중동지역을 비롯하여 이제는 드미트리 메드베데프 대통령이 이끌고 있는 러시아와 중앙아시아까지 가세하여 자원 민족주의를 펼치고 있다. 전임 푸틴 러시아 대통령이 2000년 취임과 함께 석

유·가스회사를 국영화하는 작업에 착수한 것도 같은 맥락이다.

그는 러시아 재건의 꿈을 에너지 자원에서 찾았다고 볼 수 있다. 러시아가 에너지를 외교적 무기로 활용한 '가스프롬 위력'도 역시 배제할 수 없다. 러시아 최대 에너지 회사 가스프롬은 전 세계 천연가스 매장량의 16%를 보유하고 있다. 생산량만도 20%를 차지하는, 문자 그대로 세계 최대의 가스회사로 군림하고 있다. 강한 러시아를 실현하는 선봉대 역할을 맡기에 손색이 없을 정도다.

21세기에는 석유와 천연가스 같은 에너지 자원이 국가 생존은 물론 국가 차원의 외교 관계를 결정짓는다. 좌지우지할 조짐마저 여러 곳에서 현실적으로 나타나고 있다. 전 세계가 에너지에 의한 에너지를 위한 에너지 전쟁 시대를 맞고 있다고 해도 과언이 아니다.

그런 가운데 전 세계가 단 하나뿐인 지구를 구하기 위해 신재생에너지 개발과 이용에 발을 벗고 나서고 있는 점이 다행이라 할 수 있다. 자원 민족주의의 태동에 태클을 거는 유일한 방법이자 대책이라는 점에서 아부다비의 힘이 되었다.

아부다비 부(富)와 미래

자원 민족주의의 다른 표현인 오일머니 파워는 국가 재정의 결정판에 그치지 않고 국가기간산업의 뼈대를 이루고 있다. 오일머니 파워를 통해 안정적 경제기조를 닦았던 아부다비가 최근 발을 벗고 나선 경제개혁은 결국 오일머니의 위력이 이를 가능하게 하는 에너지원이 되고 있다. 바로 돈의 힘이고 위력이다.

천문학적인 사회간접자본(SOC)을 투자하면서 다른 한편으로는 미래의 먹거리로 문화와 관광을 개발 콘셉트로 삼은 것은 시의적절한 정치적 결단으로 이해할 수 있다. 오늘의 아부다비 부와 미래는 오일머니를 배제하고는 생각하기조차 어렵다. 그만큼 오일머니의 위력이 가져다주는 무게와 의미는 슈퍼파워만이 할 수 있는 원동력이라고 할 수 있다.

지난 5년 동안 고유가 행진이 지속되면서부터 전 세계는 오일머니에 대한 위력 앞에 일렬종대로 줄을 섰던 것이다. 아니 오일머니의 부가가치에 눈을 뜨기 시작한 것이다.

새로운 오일머니의 블랙홀로 등장하고 있는 아부다비 금융가는 다시 허리띠를 바짝 동여매기 시작했다.

월가의 비명 – America, For Sale

뉴욕에서 발행되는 타블로이드 신문 뉴욕데일리뉴스는 2008년 1월 16일자 1면에서 이 점을 대서특필했다. 시티그룹과 메릴린치 등 월가 투자회사들이 서브프라임 모기지(비우량주택담보대출) 부실운용으로 막대한 손실을 기록하면서 중동 국부펀드로부터 자금을 수혈하는 것을 빗대어 언급한 것이다.

2008년 1월 최악의 분기 실적을 발표해 전 세계 주식시장 폭락 사태를 촉발시켰던 시티그룹이 중동 국부펀드인 아부다비투자청(ABIA)과 쿠웨이트투자청 등에서 조달한 금액은 260억 달러가 훌쩍 넘었다.

미국을 대표하는 금융회사들이 잇따라 해외자본을, 그것도 유럽이 아닌 중동 국부펀드에게 손을 벌리는 것은 국제금융계에서 힘의 변화를 보여준 시그널이다. 2007년 포트월드의 뉴욕 항만권운영의 매입시도가 미국 정치권의 반발로 무산된 것과는 대조적으로 이번에는 미국 정치권이 의외로 조용하다.

월스트리트저널은 이 점을 거론하면서 "미국 정치권이 외국 자본 유입 이외에 현실적인 대안이 없다는 점을 인식하고 있기 때문이다"라고 분석했다. '어쩌다 이 지경까지…' 하며 하소연하는 미국 월가의 비명은 결국 아부다비 국부펀드 앞에 손을 벌리는 형국을 연출하고 있다.

'Abu Dahbi 1+2'는 아부다비 국부펀드 운영에 대한 주목으로 시작해 미국 월가의 비명 소리까지 목격하게 하는 한 편의 글로벌 이코노미 드라마가 되고 말았다.

1,016억 배럴과 213조 5,000억 입방피트

UAE는 세계 10위의 석유생산국이자 제6위의 석유수출국인 동시에 제5위의 석유매장국가다. 미국에너지청(US Department of Energy)이 매년 발표한 통계자료에 따르면, 아부다비 석유매장량은 1,016억 배럴이다. 천연가스 부문은 213조 5,000억 입방피트로 정리하고 있다.

석유자원 채굴권과 석유자금 운영권은 아랍에미리트연합 7개 토후국가 수장들 책임 하에서 이루어지고 있기 때문에 아부다비 오일머니 파워(Oil Money Power)는 대단한 힘으로 작용한다. 아부바디 이코노미 파워의 다른 표현이다.

최근 유가의 급등과 하락은 공급부문에서의 혼란이나 차질에 의한 것이 아니라, 수요증가에 기인한 결과라는 점을 어떻게 설명할까. 확언하건대 설명의 끝자락에는 아부다비 정부가 지향하는 '포스트 오일머니' 개념의 글로벌 랠리에 대한 정책적 제시가 그대로 녹아난 것이 포함된다.

전 세계적으로 석유증가가 계속됨으로써 국제사회는 OPEC에게 생산량 증가를 요구하기 시작했다. 2004년 UAE의 OPEC 생산쿼터는 다섯 차례나 조정되었다. 그 결과 그해 평균 생산쿼터는 218만 9,000배럴로 증가되었다.

샤르자 지역의 경우 이미 석유 매장량은 급속한 감소추세를 보이고 있는 반면, 아부다비는 2004년 평균 하루 50만 배럴의 추가생산 능력을 과시하기도 했다. 실제로 지난 5년 동안 아부다비 정부는 석유산업에 막대한 투자를 실천한 결과 생산능력은 아직도 지속적으로 증가일로에 있다.

중동지역 석유개발 역사 101년

1908년 5월 26일.

장소는 페르시아(지금의 이란)의 한 외진 산악지대.

영국의 지질학자 조지 레이놀즈는 하늘로 솟구치는 시커먼 액체를 황홀한 눈으로 쳐다보았다. 중동지역에서 석유를 찾아내기 위해 공을 들인지 6년 8개월째다. '헛수고 그만하고 철수하라' 는 상부의 지시에도 불구하고 땅을 파고 들어간 노력이 결실을 맺는 순간이다.

중동지역에서 석유 시추에 성공한 지 101년. 중동의 싸고 풍부한 석유는 전 세계를 움직이는 힘의 원천이 되어 왔다. 다시 말해 힘의 원천이 되고 있는 석유는 모래밖에 없는 중동지역을 불모지에서 황금의 땅으로 바꾸어 놓았다.

미국 국제금융연구소(IIF)는 UAE를 비롯한 사우디아라비아 등 걸프협력위원회(GCC) 6개 나라들이 2007년 한 해 동안 석유를 수출하여 벌어들인 수익은 3,810억 달러이고 천연가스 수출액은 260억 달러에 달한다고 밝혔다.

　이런 통계 수치가 없더라도 중동지역에서 새로운 역사를 쓰고 있는 아부다비는 이미 '포스트 오일시대'를 준비하고 있다. 아부다비 국영석유회사(ADNOC)의 생산 투자와 자금 확보는 이를 잘 반영하고 있다.

아부다비 국영석유회사(ADNOC)의 약진

　최근 아부다비 ADNOC(Abu Dahbi National Oil Company)는 석유생산시설 확장계획에 따라 100억 달러(10 billion US$)를 투자했다. 이러한 막대한 투자에 힘입어 석유생산능력은 지난 2006년 300만 배럴 수준에서 오는

2010년 360만 배럴 수준까지 증가될 것으로 예상되고 있다. 바로 이 점이 아부다비 정부의 실체이고 동시에 현주소이다.

실제로 아부다비의 힘을 소개할 때 석유산업 규모와 함께 거론된 것은 천연가스 부문이다. 213조 5,000억 입방피트인 UAE 전체 천연가스 매장량 중 92%를 아부다비가 차지하고 있다. 바로 이러한 통계수치가 아부다비 국영석유회사 ADNOC의 오일파워를 실감하게 하는 데 부족함이 없다.

이 회사 보고서에 따르면 현재 매장량과 생산비율을 볼 때 천연가스는 향후 150~170년 동안 생산 활동이 가능하다. 2004년 한 해 동안 아부다비 천연가스 총생산량은 650억㎥(63억 cf/d)에 달한다. 이 가운데 48억 cf/d는 육상가스전에서 나머지 15억 cf/d는 해저 가스전에서 각각 생산되고 있다.

아부다비의 '움무 사이프' 유전지대와 '아부 알 부쿠쉬' 유전지대에 위치한 쿠프(Khuff)는 석유가 섞이지 않는 순수 가스매장지대로서 알려지고 있다.

석유 한 방울 나지 않는 한국의 화석연료 에너지 사정을 볼 때, ADNOC 보고서를 보면서 부럽다는 생각과 함께 화석연료에 얽힌 아부다비 경제 르네상스의 도래는 믿어도 되겠구나 하는 수긍도 함께 갖게 된다.

도시국가와 강소국(强小國) 사이

아부다비 정체성(政體性)은 한 단어로 표현하자면 도시국가다. 아랍에미리트연합이 7개 에미리트에 의해 형성되었기 때문에 강소국(强小國)에도 속한다. 도시국가의 고대 이름인 폴리스(polis)는 행정중심지를 나타내는 성채(acropolis)에서 그 이름이 나왔다고 한다. 11세기 들어 몇몇 이탈리아 도시들이 상당한 부(富)를 이룩하면서 도시국가의 부활이 주목을 받게 되었다.

따라서 도시국가는 규모와 배타성, 애국심과 독립에 대한 여정 등에 있어 부족체제나 민족체제와는 다른 길을 걸으면서 발전해 오늘에 이른다. 반면 강소국의 형태와 운영은 큰 것에 대한 대비로 볼 수 있다. 규모의 경제와 연결의 경제, 그리고 속도의 경제까지 구비하는 미션을 지닌 강소국으로서는 여기에 장점이 도사린다.

작은 것이 아름답다

독일 태생의 경제학자 슈마허(E.F. Schumacher)는 퍽이나 이색적인 논문을 발표했다. 논문의 제목은 '작은 것이 아름답다' 였다. 논제 역시 작은 것은 자유롭고 창조적이고 동시에 효율적이라는 대전제 아래 국가의 개념도 같은 범주에 든다고 주장했다.

올해로 꼭 36년을 거슬러 올라간 1973년의 일이다. 지금은 일반화된 개념이지만 1970~1980년대 일본의 각종 전자제품이 전 세계를 휩쓸고 있을 때 풍미했던 구호였다.

슈마허의 주장은 문화와 관광을 함께 발전시키고 있는 아부다비에 시의 적절한 개념이고 통용되는 개념일 수 있다. 국제경제에서 새롭게 주목을 받고 있는 산유국 아부다비의 힘을 지켜보면 이치에 맞는 이론이라는 생각도 든다.

강소국(도시국가의 다른 표현) 아부다비가 세계 최대의 국부펀드를 운용에서 이미 빛을 발하고 있다. 전 세계를 강타하고 있는 글로벌 금융위기를 겪을 뉴욕 월가에 긴급자금수혈에 나선 아부다비투자청의 발 빠른 행보가 이를 뒷받침해주고 있다.

결제과정이 간편하고 의사결정이 쉬운 강소국들이 가지는 장점이고 매력일 수 있다는 점에서 이를 강소국 아부다비가 여실히 증명해주고 있다.

네덜란드 국가경쟁력

강소국은 말 그대로 '작지만 강한 나라' 라는 뜻이다. 국가 구성의 인구와 면적이 전통국가에 비해 작지만, 하는 일은 많고 미래비전이 크다는 것을 일컫는다.

대표적인 강소국으로는 네덜란드와 싱가포르가 이 범주에 속한다. 이들 두 나라 가운데 인구가 많은 네덜란드는 전통 강국 독일 인구의 5분의 1에 불과하다. 네덜란드는 국토의 4분의 1을 바다를 간척해 만들었다. 이들 강소국 두 나라의 국가경쟁력은 모두가 한결같이 20위권에 들어섰다. 아부다비도 예외가 아니다.

특히, 네덜란드의 암스테르담은 돈이 모이는 도시이고 네덜란드는 돈이 보이는 나라라는 점에 어느 누구도 부정하거나 부인하지 못한다. 네덜란드는 한반도의 5분의 1 면적에 인구는 1,600만 명이다. 1인당 국민소득이 4만 달러에 달한다.

여기서 암스테르담을 아부다비로 바꾸고 네덜란드를 아랍에미리트로 바꾸어서 생각해보면 강소국의 의미와 강소국이 뜨는 이유와의 만남이 가능해진다. 이런 이유 하나 때문에 아부다비상공회의소 홈페이지에는 상대적으로 암스테르담 자료가 많다.

최근 영국 이코노미스트지 산하 EU경제연구소는 네덜란드를 향후 5년 동안(2008~2013) 유럽에서 가장 사업하기 좋은 나라로 꼽았다. 네덜란드투자진흥청(NFIA)에 따르면 현재 네덜란드 내 외국기업 수는 2,000여 개에 달한다.

네덜란드는 유럽 3대 공항에 하나인 암스테르담 스키풀공항과 세계 최대 컨테이너항인 로테르담항을 운영하는 나라이기도 하다. 그래서 강소국 아부다비는 네덜란드에 대한 연구가 깊고 또한 지향점에서 깊은 연관성도 가지고 있다.

돈 되는 건 빗장을 다 푼 싱가포르

아시아의 강소국 싱가포르는 서울보다 조금 큰 면적(685㎢)에 인구 450만 명, 1인당 국민소득은 32,900달러(2007년 통계)에 달한다. 같은 기간 아부다비의 1인당 국민소득 42,279달러와는 약 1만 달러의 차이가 난다. 정확하게는 9,379달러의 차이를 보인다.

도시국가 싱가포르는 이번 글로벌 금융위기에서 가장 강한 직격탄을 맞았다. 금융과 교육에 대한 수입을 창출하였지만, 제조업 기반의 취약이 드러나면서의 경제적 추락은 많은 교훈을 남겼다.

하지만 최근 들어 싱가포르의 마리나 베이 개발구역은 타워크레인이 재가동되고 있다. 미국 라스베이거스의 '카지노 왕' 셀던 아델슨이 35억 달러를 투자해 짓고 있는 샌즈 카지노 리조트와 타탄종파가 지역의 금융 수요를 분산시키기 위해 짓는 금융센터(MBFC) 건물 공사를 다시 시작하고 있다.

우선 리조트에는 2,500개 객실을 갖춘 50층짜리 호텔 3동과 54,000명 수용규모의 전시컨벤션센터, 그리고 1만 명 수용규모의 이벤트 광장과 2,000석을 갖춘 2개의 극장이 들어설 예정이다. 특히 호텔 옥상은 연결되어 1만㎢ 규모의 '하늘정원'이 꾸며진다. 바로 옆에는 호주 시드니 오페라하우스를 본뜬 예술사 박물관이 들어선다.

아부다비가 사디야트(Saadiyat) 섬에다 루브르박물관 분원을 신축하는 것과 같은 레벨이다.

길거리에서 침 한 방울만 뱉어도 벌금이 부과되는 싱가포르가 얻은 이미지는 곧 '바른생활 나라=벌금 공화국'으로 인식되었다. 그러나 지금은 강소국으로 거듭나기 위해 돈이 되면 외국자본을 끌어들여 카지노까지 무제한 개방하는 일에 앞장서고 있다.

결론적으로 세계적인 강소국 이인방인 네덜란드와 싱가포르의 성공과 행복은 곧 도시국가 아부다비에게도 귀감이 되고 있다. 이들 두 나라의 유명세가 강소국만의 실질적 보상(報償)으로 얻어진 프리미엄이라면, 아부다비는 이를 넘어서고 있다. 강소국 아부다비만의 특징과 장점을 바로 인식해서 이를 아부다비 브랜드화로 승격, 아부다비 뉴 페이스로 설정하는 일이 더 경이롭다.

'작은 것이 아름답다' 는 경제학자 슈마허의 메시지를 아부다비 정부는 이미 읽고 있다는 증거가 더더욱 확실해졌다.

문화와 관광을 함께 발전시키고 있는 아부다비

문화의 본령은 삶의 질이다. 문화는 또 돈이자 경쟁력이다. 앞으로는 문화가 고부가가치를 만들어내는 원소다. 상품을 수출하더라도 고급 이미지가 아니면 팔리지 않는다. 도시국가 브랜드는 문화를 배제하고는 말장난에 지나지 않는다.

국가차원에서 문화는 국가경쟁력이고 다른 말로 경제선진국은 문화선진국이다. 그러나 이 역시 간단치 않다는 데 문제의 심각성이 도사리고 있다.

도시국가 구성원의 노력과 행동만으로는 뭔가 부족하다. 도시국가 지도자의 리더십과 함께 줄기찬 투자의 실행에서 문화도시 창달의 햇빛이 보일 수 있다. 문화도시와 같은 개념의 도시 브랜드는 곧 도시국가 아부다비의 미래 잣대가 되고 있다.

영국에서 시카고까지

마거릿 대처가 영국 수상일 때 문화의 디자인을 여러 차례 강조했다. 그의 주문은 영국의 디자인산업을 부흥시켜 영국을 살찌우게 했다. 20여 년이 흐른 지금에 이르러서는 도시디자인 바람이 미국 시카고에도 불고 있다. 도시 디자인에 탁월한 개념을 지닌 시카고 시장이 10년 정도 노력한 결과 뉴욕과 같은 도시 브랜드 이미지를 창출했다.

한국 수도 서울의 도시 브랜드화와 도시이미지화는 여기에 뿌리를 같이 하고 있다. 서울시는 최근 문화도시와 문화디자인 개념으로 컬처노믹스(culturenomics)를 표방하고 있다.

영국의 문화도시 창출을 전형(典型)으로 삼고 있는 아부다비의 문화도시 구축 역시 아랍전통문화와 관광, 그리고 환경이라는 세 가지 요소를 결합하여 발전시키고 있다. 아부다비의 문화도시 건설이 완성이 아닌 진행형이기 때문에, '발전되었다' 라는 완료형이 아닌 '발전시키고 있다' 는 표현이 적절할 것이다.

이는 문화도시의 창달이라는 우리 시대 꿈의 지향점인, '문화가 도시를 먹여 살린다' 는 시대적 요구에 해당한다.

영국 게이츠헤드와 일본 요코하마

영국 북서부에 위치한 인구 20만 명의 소도시 게이츠헤드는 원래 탄광촌이었다. 이곳은 1960~1970년대를 거치면서 거의 폐허가 된 별로 보잘 것 없는 도시였다. 한때 중화학 공업과 탄광의 중심지였지만, 탄광이 문을 닫은 뒤 실업자가 급증하고 도시민의 이탈이 이어졌다. 한마디로 자랑할 것 하나 없는 그저 그런 도시였다.

그러나 1980년 게이츠헤드 시는 산업 대신 '문화도시'로 재정비에 들어갔다. 1998년 게이츠헤드 외곽에 '북녘의 천사(Angel of the North)'라는 영국 최고의 야외 조형물을 건립했다. 소도시로서는 거금인 80만 파운드를 투자하면서 관심을 끌기 시작했다. 지금은 이를 보기 위해 연간 수백만 명이 찾고 있다. 세계사적 문화도시의 첫 장을 연 결과다.

최근 들어 사람과 자전거만 다니는 독특한 디자인의 밀레니엄 브리지(2001년 개통)에다 영국에서 가장 큰 제분소를 개조해 볼틱 현대미술관(2002년 개장)을 오픈했다. 2004년에는 세이지 음악당을 열었다.

2007년 한 해 동안 게이츠헤드는 2,000만 방문객을 유치해 관광수입으로 40억 파운드(8조 500억)를 올리면서 문화도시의 견본도시가 되었다.

일본 관문항인 요코하마의 문화도시 구축은 다른 포맷에서 진가를 발휘하고 있다. '요코하마 개항 150주년'을 맞아 이미 '뱅크아트 1929'와 '내셔널 아트파크'는 문화도시다움을 너머 문화경쟁력의 진수를 보여주고 있다. '뱅크아트 1929'는 다이치긴교(第一勤業)은행과 니혼유센(日本郵船) 등 옛 건물을 문화시설로 개조한 것이고 '내셔널 아트파크'는 도시 곳곳에 공원을 신축해 문화시설 확충을 도모한 것이다.

아부다비 문화도시의 원동력 빅10

영국의 게이츠헤드와 일본 요코하마 사례에서 살펴보았듯이 아부다비의 문화도시 구축은 우리의 상상을 초월한 원동력 빅10에서 서서히 윤곽을 드러내고 있다. 세계적인 도시 컨설팅사인 존스 랑 라살이 제시한 내용이다. 문화와 관광을 함께 발전시키는 아부다비의 미래상이 그대로 녹아 있다.

이러한 내용에서 아부다비가 글로벌 도시국가의 대표주자로서 손색이 없다는 것에 대한 확인이 된다. 이 책의 주제이기도 하다. 하지만 책의 완성(?)을 위해 반복된 내용의 경우에는 간결하게 기술할까 한다.

하나, 사디야트 섬에 세우고 있는 프랑스 루브르박물관 분원

아부다비 유산재단의 주마 압둘라 알쿠바이시 이사는 "전 세계 지식과 문명이 모이는 '문화도시'가 될 것이다"라며 "문화야말로 최고의 부가가치를 창출하는 투자다"라고 강조했다. 이를 위해 아부다비는 사디야트 섬(행복의 섬)에 세계적인 문화 클러스터(culture cluster)를 구축하고 있다.

둘, 에미리트 팰리스 호텔(Emirates Palace Hotel)의 운영

아부다비가 문화도시로서 전 세계인을 유인하는 일에 앞장서고 있다.

셋, 에티하드항공의 날갯짓

아부다비의 항공사 운영은 재산 운용의 포트폴리오과 같은 의미를 지닌다.

넷, 포뮬러 1의 유치와 개최

굉음의 초대로 기록되는 세계적인 스포츠 포뮬러 1의 유치와 개최는 세계인의 이목과 관심 유발에 포문이 된다. 자연의 섬인 야스 섬에 신축 중인 레이스 트랙은 제 모습을 보여주고 있다. 이를 위해 아부다비 국부펀드는 이번 금융위기를 겪고 있는 벤츠의 지분을 사들이는 기민성을 보여주었다.

다섯, 세계 최대의 아부다비 국부펀드(SWF)의 운용
아부다비의 문화도시 구축에서 국부펀드의 위력은 거론하는 것 자체가 더 촌스럽다.

여섯, 걸프협력위원회(GCC)의 시장 형성
GCC 권역을 아우르는 6개 국가에서 아부다비는 명실상부한 비즈니스 윈도가 되고 있다. 2010년에는 단일 통화권 형성이 구체화되고 있기 때문이다. 하지만 최근 아랍중앙은행 본부가 사우디아라비아 리야드로 결정되자 아부다비가 한 발을 빼고 있다.
그러나 금융 지정학적 관점에서 보아도 단일 통화권 형성은 이미 기정 사실화되고 있다. 따라서 늦어도 2011년까지는 이슬람회의기구(OIC) 57개 국가의 15억 무슬림이 아부다비의 주요 고객이 되는 일은 시간문제일 뿐이다.

일곱, 지도자의 탁월한 리더십
도시국가 지도자의 리더십은 백 번 강조해도 부족할 정도로 그 위력과 실천력의 산증인이 된다. UAE의 대통령이자 아부다비 지도자인 셰이크 칼리파 빈 자에드 알 나흐안의 통치력에 대한 아부다비 로컬들의 존경심은 의외로 크고 높다.

특히 아부다비 왕세자 셰이크 모하메드 빈 자에드 알 나흐안(HH Sheikh Mohammed bin Zayed Al Nahyan)의 도시건축 아이디어는 아부다비 문화도시 형성에 원천이 되고 있다.

여덟, 광활한 사막(a desert)은 자원의 보고(寶庫)

퇴임을 1년 앞둔 조지 W. 부시 미국 대통령은 2008년 첫 외교일정으로 중동지역을 순방했다. 8박9일 여정으로 방문한 국가는 모두 6개국에 달한다. 특히 2008년 1월 13일 아부다비 왕세자의 호화 사막호텔 숙박은 부시 대통령의 입을 통해 최상의 찬사를 받아냈다.

"내 생애에서 가장 잊지 못할 저녁 가운데 하나였다."

사막 한복판에서 그것도 전형적인 베두인식 저녁 만찬은 아부다비 문화와 관광을 함께 아우르는 아이콘이 될 수 있다. 데이너 페리노 백악관 대변인은 저녁 만찬을 백악관 홈페이지에 올리면서 "돔 요리와 디저트로 나온 대추야자 열매가 가장 맛이 있었다"고 밝혔다.

사막의 만찬이 글로벌 스탠더드에 맞도록 발전시키면 2012년 아부다비 관광객 목표치 1,000만 명 시대는 그저 예상 기록으로 끝날 일은 아니다. 이를 아부다비 상징인 에티하드항공이 도맡을 것이다.

아홉, 1,016억 배럴과 213조 5,000억 입방피트 천연가스

UAE의 국토 85%와 인구의 40%, 그리고 석유생산의 92%를 차지하는 아부다비 저력은 바로 그대로 팩트(fact)가 된다. 향후 2030년까지 문화와 관공도시로의 발전을 위해 필요한 예산 2,000억 달러는 대부분 여기서 나올 것이다.

마지막 열, 기후변화 대응의 세계 최초의 제로카본시티 구축

오는 2016년까지 아부다비는 세계 최초의 제로카본시티를 구축하기 위해 2008년 2월 첫 삽을 떴다. 여기에 필요한 비용은 물경 220억 달러에 달한다. 단 하나뿐인 지구를 지키기 위해 카프리시티(Car free City)를 표방해 캡슐과 태양광발전 패널로 도시가 필요로 하는 모든 에너지를 대체할 것이다.

지금 전 세계가 주목하고 있는 신재생에너지산업의 메카로서 등극에 만전을 기하는 모습이야말로 아부다비의 자랑이 되고 있다. 사하라 사막의 태양 에너지를 개발하여 유럽 전역에 전기를 공급하는 데의 기술과 자본투자에 앞장서는 일에서 발군의 실력발휘가 벌써부터 화제가 되고 있다. 전 세계적인 뉴스의 초점을 이루고 있다.

10개에 달하는 아부다비 빅10 원동력은 아부다비 문화도시 구성에서 큰 밑그림이자 로드맵의 실체가 된다. 세계적인 도시컨설팅사 존스 랑 라살은 아부다비 도시경쟁력에서 앞의 10개 프로젝트를 자세하게 보도하면서 중동 지역에 불고 있는 대학교육 현장 스케치를 마지막에 첨부시켰다. 이를 보태면 열한 개가 넘는다. 두 손을 펴서 세어보아도 하나가 넘쳐나고 있다.

뉴 페이스(New Face) 아부다비의 극찬에서 배제하기 어려운 대목이다. 그만큼 아부다비 저력은 다양함과 다채로움을 고르게 구비한 것을 알 수 있다.

바로 이 대목은 이 책의 여섯 가지 주제인 '글로벌 도시국가 아부다비' 와 'GCC Look', '포스트 오일머니의 준비' 와 '문화와 관광을 함께 발전시키고 있는 아부다비', 그리고 '아랍문화 허브 지향의 세계인 초대' 의 근간(根幹)이다.

Chapter 4

Abu Dhabi Culture, Abu Dhabi Society

자연 풍광이 으뜸인 야스 섬에서 레이스 전체 면적이 2,500ha를 차지하는 페라리 테마파크는 목하 마무리 공사가 한창이다. 헤르만 릴케가 설계한 아부다비 포뮬러1 트랙은 5.8㎞ 길이로 설계자의 특징인 느린 헤어런드로 접어든 것을 꼽을 수 있다.

최근 중동지역 국가들이 세계 최대 레이스 경기인 F1에서 새로운 발전 동력을 찾

고 있음과 무관하지 않다. 2007년 4월 바레인의 수도 마나마에서 맥라렌 메르세

데스 F1 회장과 알 칼리파 바레인 경제개발위원회 위원장은 맥라렌 팀의 지분

30%를 인수하는 것에 서명을 마쳤다. 아부다비가 F1을 통해 다양한 발전기회를

얻기 위한 발판을 만들어내는 것과 같은 이유에서다.

천지를 흔드는 굉음의 포뮬러1

세계 최대의 자동차 경주인 포뮬러1(Formula One).

이글거리는 아스팔트 위로 100억짜리 머신(machine-경주용 차)들이 들어선다. 고막이 찢어질 듯한 엔진 굉음에 관중의 힘찬 함성도 파묻힌다. 시선은 출발을 알리는 펄럭이는 깃발에 집중되고 있다. 순간 날카로운 타이어 마찰음과 바퀴에서 피어오르는 하얀 연기를 뒤로 하고 일제히 최고 시속 300㎞를 향해 질주에 뛰어 든다.

세계 3대 스포츠로는 월드컵과 올림픽, 그리고 포뮬러1을 손꼽는다. 포뮬러의 가치와 기대를 읽을 수 있는 대목이다. 이 세계적인 스포츠행사가 아부다비 야스 섬에서 열린다. 아부다비 로컬들의 화제는 포뮬러1에서 시작되고 끝이 난다.

아부다비 문화와 아부다비 사회에서 이만한 소재는 달리 찾기가 어려울 만큼 포뮬러1에 대한 아부다비 사랑은 대단 그 자체다. 아비다비가 지원하고 있는 네덜란드 스파이커의 우승에 대한 염원까지 합쳐서 말이다.

자연 풍광이 으뜸인 야스 섬에서 레이스 전체 면적이 2,500ha를 차지하는 페라리 테마파크는 이미 완공을 마친 상태다. 헤르만 릴케가 설계한 아부다비 포뮬러1 트랙은 5.8㎞ 길이로 설계자의 특징인 느린 헤어런드로 접어든 것을 꼽을 수 있다.

60년의 역사를 지닌 F1

F1은 1850년 시작되어 올해로 60번째 시즌을 치른다. 페라리와 맥라렌, 르노와 스파이커 등 11개 팀 22명의 드라이버가 11월까지 총 17번의 대회를 치러 챔피언을 가린다. F1 차량은 배기량 2,400cc 엔진으로 750마력을 내고 최고 속도는 300㎞ 이상이다.

2009년 3월 27일 호주 멜버른에서 2009 시즌 개막전을 치른 것으로 시작된 올해 F1은 아부다비 야스 섬에서 최종 챔피언을 가리게 된다. 그래서 아부다비 로컬들은 일찍부터 포뮬러1에 대한 화제성 화두에 몰입하고 있다. 예를 들면 스파이커의 크리스티앙(네덜란드)과 아드리안 수틸(독일)에 대한 우승의 기대를 걸면서.

하긴 의식주 문제에 있어 자유로운 그들에게 레저와 스포츠야말로 문화적 취향이자 자연스런 사회현상이 된다.

F1 그랑프리는 지구촌 최대 스포츠 행사답게 한 해 평균 400만여 명의 관중과 전 세계 6억여 명의 시청자를 몰고 온다. 2008년 9월 강소국 싱가포르에서 열렸던 F1 그랑프리는 460만 싱가포르 로컬들에게 열광과 흥분을 만끽하게 한 대회로 기록됐다.

사흘 경기에 수입액만 800억 원에 달했다는 보도가 이를 잘 방증시키고 있었다. '일요일은 F1 레이스, 월요일은 세일즈' 라는 신조어를 낳는 진풍경은 어쩜 당연한 환희에 속한다. 그랑프리 개최 자체보다는 사상 처음 F1를 유치하는 데 의미를 부여한 것도 같은 맥락이다.

최근 국제 컨설팅사인 딜로이트 스포츠비즈니스 그룹은 "2007년 한 해 동안 F1의 매출액을 경기 수로 나눈 경기당 평균 수입은 2억 1,700만 달러로 평균 2,400만 달러로 그친 프로풋볼(NFL)이나 영국 프리미어리그 800억 달러보다 월등이 높다"고 평가했다. 이는 'F1 얼굴' 인 머신에 붙은 스폰서 금액을 보면 단적으로 드러난다.

예를 들면 운전석 광고는 4,100~5,000만 달러이고 엔진 커버는 3,500~4,000만 달러, 뒷날개는 1,600만 달러에 달한다. 머신 한 대에 이런 광고들이 모두 9개소가 붙는데, 스폰서 비용만도 총 1억 5,000만 달러로 추산되고 있다. 이런 계산법으로 따져보면 매번 대회에 출전하는 11개 머신이 16억 5,000만 달러짜리의 '달리는 광고판' 으로 변신하는 셈이다.

유럽 전용물로 여겨졌던 F1이 한국과 중동지역에서 가치가 급상승한 것은 다른 스포츠 이벤트에 비해 비용대비 효과가 매우 크기 때문이다. 2008년 F1 지존 페라리는 머신 광고비로 1억 8,300만 달러를 벌어들였다. 이 광고비를 투자한 스폰서는 담배메이커 말보로(Marlboro)이다. 말보로는 광고를 단순한 비용으로 처리하지 않고 투자개념으로 이용하는 것으로 정평이 났다.

하늘의 F1 – 에어 레이스

2009년 4월 19일.

에어 레이스(Air race) 2009 월드시리즈 1차 대회가 아부다비에서 열렸었다. 우승자는 오스트리아의 한스 아크로였으며 2위 영국 폴 본옴므의 1분 25초 49와 불과 0.89초 차이인 1분 24초 60의 기록이었다.

에어 레이스는 프로펠러 비행기로 높이 20m인 고깔 모양의 에어 게이트(Air gate)가 설치된 5km코스를 최대한 빠른 시간에 통과하는 경기다. 아부다비가 에어 레이스를 개최하는 이유는 F1의 개최 효과를 극대화하려는 것으로 볼 수 있지만 더 깊은 뜻은 이렇다.

최근 중동지역 국가들이 세계 최대 레이스 경기인 F1에서 새로운 발전 동력을 찾고 있음과 무관하지 않다. 2007년 4월 바레인의 수도 마나마에서 맥라렌 메르세데스 F1 회장과 알 칼리파 바레인 경제개발위원회 위원장은 맥라렌 팀의 지분 30%를 인수하는 것에 서명을 마쳤다. 아부다비가 F1을 통해 다양한 발전기회를 얻기 위한 발판을 만들어내는 것과 같은 이유에서다.

F1 타고 서남해안 관광 질주

전남 영암군 삼호읍 간척지.

꿈의 레이스 F1가 열리는 곳이다. 한국에서 F1사업은 전남의 관광 패러다임을 바꾸는 견인차로 기대된다.

2006년 10월 F1 대회를 유치한 전라남도는 매년 대회를 치르게 된다. 간척지 등 4.3㎢에는 F1 트랙(5.615㎞)과 상설트랙(3.047㎞) 위에 12만 석의 관람석과 레이싱 팀이 사용하는 피트 빌딩 등 부대시설이 들어선다.

운영법인 KAVO는 향후 생산유발 1조 8,000억 원에 고용유발효과로 1만 800명의 일자리 창출을 기대하고 있다. 이러한 수치 나열에 큰 의미를 두기에 앞서, 이런 거대 스포츠 프로젝트를 도시국가 아부다비가 한국보다 먼저 유치하고 긴 시간과 수많은 투자를 통해 만전을 기하는 모습이 예사롭지 않다는 점이다.

아부다비가 미래 먹거리로 문화와 관광을 함께 발전시키는 일에서 발판을 찾고 있음이 명백해졌다. 2009년 11월에는 아부다비에서, 그리고 이어 전남 영암군 삼호읍에서 천지를 흔드는 F1 굉음에 취할 수 있기를 기대해 본다.

아부다비 문화현상과 사회현상을 함께 교집합해 보는 일은 아부다비 엿보기(steal a glance at)에 유용한 길라잡이가 된다. 흑백논리로 가지 않더라도 지구촌 소비자가 사는 데는 같은 생각 같은 목표를 지닌 끼리끼리의 문화가 있다.

이에 대한 기준설정은 곧 아부다비 로컬들의 생각과 철학을 들여다보는 것이 포함된다. '리치스탄'의 전형을 추가해 대입시켜보면 아부다비 엿보기는 의외로 흥미만점이다. 바로 아부다비 부자들의 사회현상과 직결되고 있기 때문이다.

미국 연방제도이사회(FRB) 통계에 따르면 자산 100만 달러 이상을 가진 가구는 1995년 377만에서 2004년 905만으로 늘었다. 1,000만 달러 이상 가구도 1995년 23만에서 53만으로 뛰었다. 실제로 미국에서는 9.11 테러가 발생하고 글로벌 금융위기가 터져도 백만장자는 계속 늘어났다.

이들은 수천만 달러짜리 대저택에 살면서 32만 달러짜리 롤스로이스 팬텀을 굴리고 있다. 실내 수영장과 헬리콥터 이착륙장까지 갖춘 호화 요트 여행은 기본이다. 월스트리트 저널의 최초 부자담당기자였던 로버트 프랭크는 그의 저서 〈리치스탄〉에 미국 백만장자의 생활과 철학을 자세하세 기술해놓고 있다.

예를 들면 개인용 제트기 인테리어업체 대표인 에릭 로스는 2006년 특별한 부탁을 받는다. 챌린지 604를 구입한 고객이 객실 변기를 악어가죽으로 꾸며달라는 요청의 주문이 그것이다. 로스는 플로리다 주에서 악어가죽 두 벌을 8,000달러에 구입해 변기좌석에 붙였다. 객실 바닥에는 실크와 울을 짠 태국산(産) 양탄자를 깔았다.

리치스탄들 사치의 극치로 볼 수 있는 사례라 해도 그들만의 생각과 철학에 독특한 멋과 로망이 있음을 알 수 있다.

자동차 1번 차번호 1,420만 달러의 리치스탄

아부다비에서 자동차 번호판이 정부가 주최한 경매에서 1,420만 달러에 낙찰되었다. 2008년 2월 16일 밤 아부다비 최고의 호텔 에미리트 팰리스에서 열린 자동차 번호판 경매장은 리치스탄으로 대만원을 이루었다. 25세의 리치스탄 사이드 알 쿠리는 1번 번호판을 5,220만 디르함(1,420만 달러)에 사들였다.

이 돈으로는 국산 자동차 마티즈를 2,150대나 살 수 있는 돈이다. 이 낙찰가는 종전 기네스북 기록이었던 2,520만 디르함의 두 배가 넘는 액수다. 이번 경매에서는 '1' 번 이외에 '51' 과 '96' , '100' 과 '121' 등 90개 번호판이 매물로 나와 총 낙찰가만도 8,900만 디르함(2,423만 달러)에 달했다. 아부다비 리치스탄에게는 자동차 번호판이 그만큼 '인기짱' 이다.

아부다비와 두바이에서는 자동차 번호판으로 차주의 신분을 짐작할 수 있다. 일반적으로 낮은 자릿수의 번호판을 달고 다니면 현지 귀족에 가까운 '특권층'으로 인식되는 경향이 짙다.

자동차 번호는 1자리에서 5자리까지 있는데, 1~2자리는 로열패밀리가 대부분 차지하고 3자리는 아부다비와 두바이 귀족이 주인이다. 4자리는 토착민인 반면 5자리는 외국인에게 부여하는 것으로 알려졌다.

자동차 번호판은 프랑스가 원조

'자동차의 신분'이라고 불리는 번호판은 1893년 세계 최초로 프랑스에서 의무적으로 적용하면서부터다. 파리 경찰이 시속 30㎞ 이상을 주행하는 자동차에 한해 차주의 이름과 주소, 등록번호를 기재한 철판을 차체 앞 왼쪽에 부착하도록 한 것이 기원이다. 프랑스는 1901년 9월 자동차 법령을 공식적으로 제정해서 곧바로 시행하여 오늘에 이르렀다.

영국에서는 1903년 자동차 번호판 관련법규가 마련되면서 알 러셀이라는 사람이 'A1'이라는 첫 번호판의 주인공이 되었다. 그는 등록이 시작되기 전에 전날 밤을 새우면서 기다린 끝에 첫 번호판의 주인공이 될 수 있었다. 이 번호판은 1973년 자선 경매에서 14,000파운드(1억 6,000만 원 내외)에 판매된 기록이 있다.

여기서 아부다비 리치스탄의 생활과 철학을 엿볼 수도 있지만, 더 깊게는 아부다비 역사와 같은 맥을 읽게 한다. 아부다비의 모든 사회규범과 사회인식의 저변에는 영국이 모델이 되고 있음과 무관하지 않다. 아부다비 리치스탄은 영국의 모든 문화와 경제를 그대로 답습(?)하는 데 익숙하고 이를 잘 소화하는 일에서 영국에 가깝다고 느낀 모양이다.

자동차 번호판 경매 관행과 1자리 번호판 선호도 역시 영국의 문화현상과 사회현상의 복사판이 된다. 아부다비 비즈니스 제안에서 영국의 모델을 제시하면 쉽게 풀린다. 자동차 번호판 문화는 아부다비를 포함한 중동지역의 비즈니스 관행에도 영향을 미치고 있음을 알 수 있다.

BMW는 너무 평범해 롤스로이스 팬텀 정도는 되어야

아부다비 리치스탄의 슈퍼리치들은 자신의 존재를 드러내기 위해 돈을 쓰는 것을 주저하지 않는다. 근검절약하는 시대는 지나가고 자신의 성공을 소비로 보여주는 성향이 강하다. 매우 강하게 작동하고 있다.

롤스로이스 팬텀이 다시 아부다비를 포함한 모든 글로벌 소비자에게 선보이게 된 것도 이들의 과시욕에 딱 들어맞았기 때문으로 이해된다. 부가 죄악시되는 시기에 거만함이 배어나는 롤스로이스의 팬텀은 부담스러웠지만, 리치스탄 부자들은 오히려 화려한 그릴에 열광한다.

이들의 취향을 졸부들의 사치로만 치부하기에는 아부다비 리치스탄의 힘은 더욱 커졌다. 이들은 이미 소비 트렌드를 주동하는 큰 손이 되었고 사회현상을 바꾸는 마력까지 갖추고 있다.

25세의 당찬 리치스탄이 한화 134억 원의 거금을 투자해 자동차 번호 1번의 주인공이 된 것이야말로 아부다비 엿보기에서 사회현상의 단편이 되고 있다.

로버트 프랭크는 〈리치스탄〉 마지막을 카네기의 말로 마무리하고 있다.

"소수의 사람들이 소유하고 있는 필요 이상의 남는 자산이 인류 전체의
도약을 위해 훨씬 강력한 힘으로 사용될 것이다."

마음을 가득 채운 보석이기에

바로 앞에서 소개한 자동차 번호판 경매가 아부다비 리치스탄의 사회현상이라면 아부다비를 포함한 중동지역 여성들의 보석사랑은 문화현상으로 구분된다. 결론부터 얘기하자면 보석에 특히 약한 아부다비 여성들에 관한 보고서다. 그냥 보석 얘기가 아니라 마음을 가득 채우는 보석에 얽힌 러브 스토리일 수 있다.

다시 말해 보석을 받는 쪽은 수동적인 여성이고 주는 쪽은 자신의 마음과 자신의 의지를 드러내는 남성 쪽으로 보는 일이다. 아부다비 남성들의 여성을 향한 선물공세는 화끈하고 능동적이다. 산유국으로 대변되는 중동지역과 아부다비에서는 부호들이 상대의 호감을 사기 위해 보석 선물하는 것을 기본으로 여긴다.

부호의 다른 이름인 리치스탄의 선물공세도 마찬가지다. 예를 들어, 2008년 중동지역 지도자들이 콘돌리자 라이스 미 국무장관에게 보석세례를 퍼붓는 것이 화제가 된 일이 있었다. 요르단 국왕 압둘라 2세는 에메랄드와 다이아몬드 보석 세트 등 14만 7,000달러 상당의 보석선물을 했다. 사우디아라비아 압둘라 국왕도 루비와 다이아몬드 세트 등 16만 5,000달러 상당의 보석선물을 라이스에게 선물했다.

명품 보석 리스트

아부다비 유명 백화점 보석 코너에는 세계적인 보석 메이커들의 매장이 즐비하다. 티파니를 비롯하여 쇼메와 반클리프 아펠과 까르띠 등은 이미 성업 중이다.

세계에서 가장 큰 128.54캐럿짜리 황금색 다이아몬드인 '바위 위에 앉은 새'를 닮은 보석도 눈에 띤다. 잠자리 요정에서 영감을 받아 디자인한 반클리프 아펠의 '클립'의 모형을 본뜬 보석도 진열장에서 웃고 있다. 라펠 시계와 반클리프 아펠의 꽃바구니 브로치, 까르띠에 목걸이와 티파니의 거북이 모양의 브로치는 기본으로 갖추어져 있다.

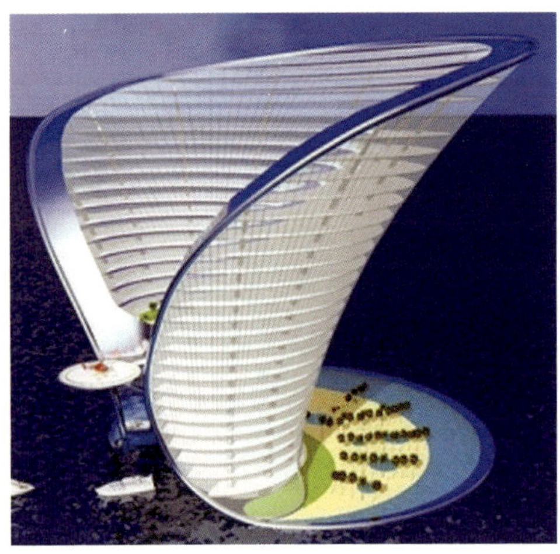

특히 쇼메의 경우에는 전 세계 왕족이나 할리우드 스타 등 특급 VIP들의 보석 디자인을 맡아온 디자이너를 상주시켜 주요 고객들의 보석을 직접 디자인해준다.

이 세 유명 보석메이커의 보석 판촉전을 보면서

아부다비 남성들에게 있어서 보석 세례는 하나의 트렌드로 발전하고 있음을 볼 수 있다.

마음을 가득 채운 보석 선물

이러한 사회현상을 중동지역 전문가들은 세 가지로 요약하고 있다.

첫째, 아부다비를 비롯한 중동지역 남성들은 고가의 보석을 선호하는 데다 소장의 가치를 높이 사고 있다는 점이다. 명품 보석보다는 특별히 제작한 한정품을 더 선호함은 물론이다.

둘째, 세계적인 보석 메이커들은 이들에게서 보석의 가치보다 희소성을 더 중시해 여기에 따른 특별 보석을 제공하는 것에서 보석 선물의 패턴이 형성되고 있다.

셋째, 반지나 목걸이에 대형 진주로 장식된 것을 선호하는 것을 인지해서 이들을 위해 보석을 별도 판매하는 데 주력하고 있다.

그래서 이들은 유명 백화점의 보석코너를 찾으면 어렵지 않게 아부다비 미녀들을 볼 수 있다고 조언(?)한다.

외출 시 얼굴 노출을 금하는 이슬람 여성들은 집에서는 손과 발, 머리와 가슴에 온갖 장신구를 착용하며 부를 과시하는 것을 즐기고 있고 이게 유행이 되고 있다. 평소 못하고 있는 자기과시욕을 집에서 해소하는 것으로 이해된다.

그렇다면 아부다비 리치스타들의 보석 선물 경향은 어디에서 유래했을까. 우선 남성들은 검소함을 미덕으로 삼고 생활하지만, 그런 점에서는 상대적으로 여성에게는 관대한 이슬람 윤리관에 있다고 중동지역 전문가는 설명한다.

실제로 무하마드 언행록인 '하디스'에서는 '남자들은 비단과 금을 착용하지 말라'고 명시되어 있다. 이는 실정법은 아니지만 윤리도덕관으로 연결되어 있기 때문에 남자들은 이를 지키고 있다. 이에 대한 대리적 심리로 여성들에게 더 많은 보석선물을 하려는 경향을 나타내고 있다고 볼 수 있다.

이 깊은 보석사랑 안에는 이들이 믿는 이슬람 종교의 힘에 의해 더 영향을 받게 된다. 이슬람국가의 일부다처제도에 남자가 여자를 보호해야 한다는 의미가 자리하고 있다고 볼 때 보석선물과 보석사랑도 같은 뜻에서 기인함을 알 수 있다.

보석선물에 익숙한 아부다비 리치스탄들은 올해 세계 보석 트렌드가 '비비드'와 '뱅글'임을 너무나 잘 알고 있다. 한 개만 착용해도 눈길을 확 끌 수 있는, '원색적인'의 다른 이름인 비비드와 두꺼운 팔찌장식인 뱅글이 그들의 과시욕을 충족시킬 수 있으리라는 것을 경험으로 잘 알고 있기 때문일 것이다.

이 트렌드를 이용한 명품 보석상들이 아부다비 7성급 에미리트 팰레스 호텔 쇼핑몰에 집중적으로 모여 리치스탄의 니즈를 충족시키고 있다.

아부다비 향수 브랜드는 셰이카 루브나 장관

웬 향수(香水)? 웬 브랜드? 웬 장관(長官)?

눈을 크게 뜨고 보아도 이 세 가지 단어에서 공통점을 찾을 수 없다. 이질적 요소 때문에 공통분모를 찾기가 쉽지 않다. 굳이 여기서 글로벌 도시국가에 등극된 아부다비 비전을 빌어서 쓰자면 연관성 요소는 찾을 수 있다.

우먼파워라는 당의정을 바르면 해석과 이해도 가능해지고 동시에 이것이 개인적인 이익이 아닌 사회적 환원이라면 더없이 존경받아야 마땅하다. 세상 이치와 도리를 따르고 자기 아닌 남을 배려하는 자세야말로 성취욕 유무와 직결되면서 주목을 받기 마련이다.

이러한 주목을 받게 된 바탕에는 아부다비 향수(perfume-香水) 브랜드(brand) 셰이카 루브나가 도사리고 있다.

노블레스 오블리주

인간의 성취욕은 아마추어든 프로든 관계없이 자신의 철학에 따라 올인하는 모습에서 아름다움을 발휘하기 마련이다. 다만 그게 뉴스가 되는 과정에서 사회적 이슈로 떠오르는 경우만이 우리의 주목이 된다. 자신의 노력과 자신의 성찰이 가미된 올인 정신은 신분의 고하를 막론하고 문화의 충격으로 다가온다. 아부다비에서 볼 수 있는 트렌드다. 상대적으로 리치스탄이 많은 나라이기 때문일 것이다.

우리가 익히 알고 있듯이 노블레스 오블리주는 프랑스어 '귀족(noblesse)'과 '의무(obliger)'의 합성어다. 1808년 프랑스 정치가 가스통 피에르 마르크(1764~1830)가 고귀한 신분에 따른 사회적 의무를 강조하면서 출발한 사회봉사의 제안이다. 올해로 꼭 201년의 역사를 지니고 있다.

우리 주위에는 고위급 관리와 재력가, 그리고 기업인 등 자천타천의 노블레스 오블리즈가 많고 많다. 이들의 얘기는 심심찮게 뉴스로 발전하여 각박한 세상을 그나마 훈훈하게 만드는 촉매로서 역할을 한다.

상대적으로 부와 명예를 축적한 인사가 있는 반면, 이를 외면하는 인사도 좀 섞여 있다. 이를 두고 우리는 '노블레스 말라드(noblesse malade)'라고 부른다. 직역하면 '부패한 귀족' 쯤이 된다. 또한 입으로는 사회정의를 외치면서 속으로는 탈세·편법·직위남용·군림 등을 꾀하는 부류도 사이비 노블레스 말라드로 구분해서 비아냥한다.

장관이 쓰는 GCC Look

최근 아랍에미리트 한 여성장관이 자신의 이름을 딴 향수를 출시하여 목하 화제다. 화제의 주인공은 아랍에미리트에서 최초의 여성장관이자 경제부 장관을 겸하고 있는 셰이카 루브나 알 카사미(H.E. Sheikha Lubna bin Khaled Al Qassmi · 50세)다.

셰이카 루브나 장관의 출신성분은 왕족이다. UAE 7개 토후국 가운데 하나인 샤르자 국왕 셰이크 술탄 빈 무하마드 알 카시마의 조카딸이다. 왕족답게 그녀의 프로필도 다양하고 다채롭다. 캘리포니아 주립대학에서 컴퓨터공학을 전공했고 샤르자 아메리카 대학에서 경영학석사(MBA) 과정을 이수했다.

그 후 민간기업과 정부기관의 주요 직책을 두루 역임하면서 세계 경제를 다루기 시작했다. 두바이 항만청 IT장관 시절 발군의 실력을 인정받아 지금의 UAE 장관직에 오른 것이다. 지금도 중동지역 전자상거래기구인 '티자리' 의 CEO까지 겸직하고 있다.

2007년 6월부터 아부다비 백화점의 화장품 코너와 고급 패션 매장에서 출시된 '무칼라트 셰이카 루브나' 는 뉴스의 스포트라이트를 받으면서 불티나게 팔리고 있다. 인기몰이의 맨 중앙에 서 있다.

셰이크 루브나 장관이 만들어서 팔고 있다는 이 향수 브랜드의 대한 출시의 변(辯)이 가슴을 친다. 우리 시대가 요구하는 노블레스 오블리주를 실제로 증명하고 이를 실천하는 모습이 더 아름답다.

"열사의 나라에 와서 고생하는 외국인 노동자를 돕기 위해 내 이름의 향수 브랜드를 출시하여 판매하게 되었다."

셰이카 루브나 장관은 향수 판매의 이익에서 15%는 '암환자 친구들' 이라는 자선단체를 통해 외국인 노동자 돕기에 쓰고 15%는 자국 암환자 돕기에 보태고 있다. 그는 "향수 구입자들이 자신이 낸 돈의 30%가 어려운 이

웃에게 쓰인다는 점을 알게 된다면 '셰이카 루브나' 향수의 인기는 더욱 높아질 것이다"라고 전망했다.

세이카 루브나 장관이 향수판매사업을 시작한 동기는 아바다비에서 고생한 외국 노동자들을 위한 자선사업에서 비롯했다. 그러나 지금은 국경과 인종을 넘어 GCC 6개국으로 확대되어, 사우디아라비아와 카타르 등 여러 나라의 외국 노동자들을 아우르고 있다는 점이 경이로움 그 자체가 되었다.

결국 부자인 나라에 와서 중동 드림을 꿈꾸는 모든 노동자에게 희망을 북돋고 동시에 어려움을 서로 나누는 취지에서의 출발이었다. 셰이카 루브나 장관은 UAE의 최초 여성장관이자 수천 억 달러의 오일머니를 주무르는 현직 경제부 장관이다. 그런 그가 스스로 중동지역 공사판에서 힘들게 일하는 수많은 노동자층에게 자선(慈善)의 의미를 넘어 희망 메시지까지 가미된 구원의 손길을 마련한 점이 돋보인다.

진정한 노블레스 오블리주를 이해하고 실천하는 장관으로서 그의 이름을 걸고 내건 향수가 곧 셰이카 루브나 향수다.

서울에 온 셰이카 루브나 장관

2007년 6월 7일 셰이카 루브나 장관은 서울을 찾았다. 서울 삼성동 코엑스에서 열린 '대한민국·아랍에미리트 사업투자기회 전시회(UAE·Korea Business Investment Opportunities Exhibition)' 개회식 기조연설자로 참석하기 위해서였다.

이 날 한국측 기조연설자로 나선 김영주 산업자원부(지금의 지식경제부)

장관에 이어 연단에 오른 셰이카 루브나 장관은 검정색 차도르 차림으로 첫 모습을 보였다. 수많은 국내외 언론인들에 열띤 취재 현장은 그의 유명세를 그대로 드러냈다.

"아랍에미리트는 이번 전시회를 통해 IT강국 한국과의 경제교류는 물론 기술협력을 다지는 계기를 마련했다"는 요지의 모두 발언에 참석자들로부터 여러 차례 박수세례를 받아내기도 했다.

도시국가 역사를 쓰고 있는 주인공다운 전시회였고 동시에 양국 사이를 잇는 국제 교류의 기회로 발전시키기에 안성맞춤이라는 평가를 받아냈다.

이 평가는 두 가지 측면에서 우리에게 시사하는 바 크다.

첫째, 우리에게 있어서 아부다비가 새롭게 부각되는 가능성 확보였다.

둘째, 우리에게 필요한 노블레스 오블리주 실천이 셰이카 루브나 향수를 통해 실천되고 있다는 점을 직접 인식시킨 점이다.

그 언저리에는 아부다비의 진면목을 접하는 기회의 장으로 정리할 수 있다. 다시 말해 '아부다비=오일머니'라는 등식과 돈 많은 졸부의 나라라는 고정관념을 한 칼에 깨는 확인의 자리로 볼 수 있다.

분명한 것은 아부다비 사회현상을 제시한 리치스탄의 비즈니스 문화와 철학을 배제한 채 자신의 잣대로 이들을 평가하려고 했다면, 이는 스스로 글로벌 열등생임을 자인한 것과 다름이 없을 터다.

히잡도 진화한다

아부다비 방송매체들은 2009년 5월 치러진 쿠웨이트 여성의원 4명의 당선을 스페셜 프로그램으로 다루고 있었다. 50명을 뽑는 이번 의원선거에서 남성 194명과 여성 16명 등 모두 210명이 출마하여 이 가운데 5명의 여성의원이 선출된 것이다. 쿠웨이트 헌장사상 여성의원 탄생은 중동지역의 우먼파워를 실감시켰다.

이번 선거에서 여성의원에 당선된 로라 다시티는 쿠웨이트의 여성인권운동가로 파이낸셜타임(FT)이 선정한 '2008년 아랍권 여성인사 20인'에 랭크된 인사다. 이러한 여성 치맛바람은 어제 오늘이 일이 아니다. 2006년 12월에 치러진 카타르 도하 아시안게임에서 이미 예견된 우먼파워였다.

도하 아시안게임은 사상 처음으로 이슬람 국가에서 벌어진 대회였다. 개막과 함께 히잡(이슬람여성이 머리카락을 가리기 위해 쓰는 일종의 스카프)을 쓴 축구선수와 조정선수들이 각국 사진기자들의 눈길을 사로잡았다. 특히 육상 여자 200m에서 23초 19로 우승한 바레인 루카야 알가사라는 기민성 히잡으로 유명세를 얻어냈다.

"히잡을 쓰고 달리면 공기의 저항을 더 받을 것 같다고 생각하지만 그렇지 않다. 이슬람 전통의상이 내 질주를 더 바르게 한다.”

사실 알가사라 선수의 히잡은 일반의 히잡이 아니라 ‘기능성 히잡’이었다. 후원사인 나이키가 공기의 저항을 최소화하기 위해 첨단 소재로 특별히 제작한 것이었다. 물론 나이키의 로고도 곁들여서.

아부다비 여성의 활약

아부다비의 경제성장이 계속적으로 이어지고 있는 가운데 괄목한 성적표는 우먼파워의 신장이다. 보건·평균수명·교육 등 다양한 분야에서 많은 발전을 보이고 있기 때문이다. 그러나 아랍 사회 일각에서는 그러한 혜택이 여성들을 소외한 채 남성들에게만 돌아가는 게 아니냐는 우려의 목소리가 없지 않다.

하지만 이러한 우려는 기우에 불과하다. 국가정책은 물론 여성들 스스로가 국가발전에 있어서 여성의 역할을 확대하기 위해 많은 노력을 하고 있다. 아부다비 여성들은 교육부문에서 두드러진 활약상을 보이고 있다. 현재 아부다비 여성들은 다양한 교육부문에서 수적으로나 질적으로 남성들을 압도하고 있다.

인재교육에 쏟은 정책적 배려와 지원으로 아부다비 여성들은 노동시장 진입과 의사결정 과정에서도 당당하게 여성의 권리를 주장하고 행사할 수 있게 되었다.

UAE의 헌법은 여성의 사회적 직위를 법적으로 인정하고 있다. 이는 헌법이 만민에게 사회적 평등을 보장하고 있는 이슬람의 가르침을 따르기 때문이다. 따라서 아부다비 여성들은 이러한 헌법에 의거하여 법적 지위보장과 교육기회, 직업선택 등에 있어서 남성과 동일한 권리를 누리고 있다.

아부다비 정부는 '모든 형태의 여성차별 금지협약'을 비롯하여 각종 여성관련 국제협약에도 가입하고 있다. 지난 1975년 셰이카 파티마(Sheikha Fatima)의 주창으로 설립된 '여성총 연맹(General Women's Union-과거 UAE 여성연맹)'의 활동이 현지 언론매체에 자주 등장하는 것도 이를 방증해 주고 있다.

아부다비 여권신장의 대표주자이자 보증수표인 여성총연맹(GWU)은 '아랍여성연맹'과 '국제가족기구' 등에서 아부다비 여성의 목소리를 그대로 전하는 역할까지 수행하고 있다. 셰이카 루브나 장관의 향수(香水) 출시도 이러한 아부다비 여권신장과 무관하지 않을 터다.

같은 이유에서 아부다비와 이웃하고 있는 나라와는 다르게 아부다비 여권신장은 구미 선진국 수준까지 바라보게 되었다. 익히 우리가 알고 있거나 읽었던 중동지역 여성관은 이제 박물관 유물로 보내야 된다. 일부다처주의가 고정관념으로 굳어진 지레짐작을 버리고 인식의 전환이 필요함을 주문한다.

지금부터라도 아부다비 여성을 직시하는 일만이 아부다비 문화와 아부다비 사회를 제대로 조명할 수 있게 된다는 점도 도움말일 수 있다.

빅 토크의 진행자의 멘트

모든 전파매체가 개방된 아부다비에서 접하는 TV 프로그램은 200여 개

채널이 넘는다. 여기서도 예외 없이 앞에서 소개한 프로그램들이 방영되고 있지만, 최근 아랍전역을 크게 요동(?)치게 만든 섹스 토크쇼가 인기 짱이다.

이게 아부다비 문화 버전이 되면서부터 화제는 사회적 보고서가 되었다. 아부다비 현지 방송국 프로그램이 아니라는 점에서 자유스럽긴 하지만 아부다비의 변신은 뉴욕의 섹스 프로그램 내용과 하등 구별이 없다. 전혀 차이가 없다.

섹스에 대한 대화가 금지되고 성교육조차 찾아보기 힘든 중동지역에서, 그것도 남성이 아닌 여성이 섹스를 안주삼아 진행하는 방송프로그램이 텔레비전에서 여과 없이 내보내지고 있다면 얼마나 믿어줄까. 신기하게도 그게 뉴스가 아니라는 것도 덧붙여야 한다.

이슬람권 최초의 TV 섹스 토크쇼 '빅 토크(Big Talk)' 진행자 히바 쿠쿱(40세) 박사의 거침없는 성문화 창달은 아부다비 여성문화를 다시 보게 만들고 있다. 아랍권 성문화의 선진화에 대한 편견과 오해를 불식시키고 있을 정도로 멘트 내용이 뉴욕 버전과 동일한 수준이고 동일한 내용이다.

매주 일회 반영되는 이 프로그램은 이집트 위성방송 '알미흐와르'에서 '인기짱' 프로그램으로 등극되었다. 중동지역 전역에 방송되고 있는 이 빅 토크쇼는 섹스를 주제로 해서 무슬림의 성 고민을 상담하는 내용이고 포맷이기 때문에 인기는 최고조에 달하고 있다. 방송을 시작한 지 일 년도 채 안 되었지만 빅 토크쇼의 인기는 등극의 수준을 넘어 지금은 인기 폭발을 예고하고 있다.

각국에서 질문이 쇄도하는 것은 물론이고 시청률도 15%를 웃돌고 있다. 위성방송 15%는 지금까지 상상할 수 없는 대박 수준이다. 방송 진행자 히바 쿠쿱 박사는 해박한 의학지식을 바탕으로 시원시원한 답변과 솔직함에

15% 시청률 유지의 비결이 있다. 거기다 전혀 외설적이지 않다는 점에서 얻어낸 시청률이기 때문에 이러한 섹스 토크쇼는 끝이 아닌 시작일 뿐이다.

히바 쿠쿱 박사는 "나는 보수적인 무슬림"이라고 자신의 정체성을 설명한다. 한 시간 동안 방영되는 프로그램 진행에서 머리에 두른 히잡을 벗는 일도 없다. 다만 이슬람법에 언급된 다양한 체위(體位)나 여성의 오르가즘, 오럴 섹스와 자위행위 등에 대해서는 전혀 막힘이 없다. 시원하기보다는 위태롭게 느껴질 정도다.

다만 혼외정사는 잘못된 것이라 해서 상담만은 거부한다. 이슬람 율법에 충실할 것을 천명한 일에서 빈틈이 없다. 자신의 정체성 확보를 중요시함을 알 수 있다. 숨기는 것 없이 명확하게 얘기하고 시청자의 여러 가지 고민을 들어주는 것만이 중요하다는 게 그의 주장이자 방송철학이다.

섹스를 금기하는 것은 이슬람 율법을 모르는 소리일 뿐 섹스 자체를 이슬람교가 기피하지 않기 때문이다. 굳이 숨길 이유가 전혀 없다는 점을 강조하고 있다. 중동지역 성문화를 모르거나 도외시한 우리들 모두에게 이러한 프로그램이 뜨고 있다는 점에서 아부다비 치맛바람은 갈수록 거세게 일 것이 예견된다.

여러 가지 성에 관한 질문과 시원한 답변에서도 잘 드러난 내용이라 미리 보는 예단이고 예측일 수 있다.

"섹스는 인간의 자연스런 감정이자 본능이다. 그렇다고 종교적인 문제도 아니다. 다만 인간성을 바탕삼아 서로가 즐기는 것이 되어야 한다."

실제로 사막이나 높은 산악지대의 여성들은 자연환경의 영향에 의해서 강하고 질길 수밖에 없는 것으로 이해되고 있다. 이러한 이유 때문에 아부다비 여성들의 성문화는 아부다비 대학교 캠퍼스를 통해 바이러스처럼 번지고 있다. 문제는 이게 아부다비에 국한된 일이 아니라 이슬람권 전역에 부는 바람이 되어 결국 여성의 지위 향상이라는 새로운 성문화를 결집시키고 있다.

페미니스트 양산은 이제 아부다비 우먼파워로서 아랍 버전이 될 확률이 점차 커지고 있다.

벽을 깬 우먼의 선택

전 세계가 글로벌화 되면서 우먼파워는 아부다비를 예외로 두지 않고 있다. 아부다비 교육관련 고위급 인사를 비롯하여 학교 교사로의 진출이 러시를 이루고 있다. 실제로 영국까지 유학해서 고등교육을 받은 여성들은 이제 아부다비 교육계 지도자로 떠오르고 있다.

그냥 칸두라(차도르의 다른 표현)에 감춰진 여성으로 생각하는 것은 2000년 버전이다. 아부다비 시내를 질주하는 고급 승용차를 운전하는 여성이 부쩍 늘고 있는 것도 변화된 여성의 역할과 사회 참여를 의미한다.

이러한 사회 변화는 아부다비의 미래와 직결된다는 점에서 시사하는 바가 자못 크다. 여자의 사회 참여율이 높아질수록 그 사회는 건강하고 발전적 인자로 작용하다는 것은 국제사회에서 이미 검증된 교훈이다. 같은 의미에서 아부다비 우먼파워의 신장은 그만큼 아부다비가 역동적으로 작동하고 있다는 점을 방증시키고 있다.

이를 두고 이곳 언론들은 세 가지 트렌드 변화로 규정하기 시작했다. 라이프스타일과 다른 포맷이다.

Feminist · Pride Oil Money

지금까지 우리가 생각하고 기억한 중동지역의 사회현상은 히바 쿠쿱 박사의 빅 토크쇼에서 보았듯이 우리의 상상을 초월하고 있다. 인터넷과 정보통신기술에 힘입어 도시 전체가 하루가 다르게 역동적으로 작용한 결과일 수 있지만, 모든 국민들이 어제와 다른 포맷을 기대하고 있고 그것을 지향하기 시작했다는 점이 중요하다.

아부다비 우먼파워 등장을 현지 매스컴들도 세 가지 관점에서 이를 조명하고 있다.

첫째, 페미니스트(Feminist) 등장이다. 서구화된 아부다비 우먼파워가 새삼스런 뉴스가 아닌 것처럼 여성의 사회 진출은 당연한 시대적 참여로 간주하고 있다. 10년 전만 해도 상상하기조차 어려운 사회변화를 읽게 한다.

둘째, 노출에 대한 거부감으로 비치는 칸두라가 서구사회의 여성의상 개념으로는 매우 거추장스런 의상에 속한다. 그러나 그들의 생각은 전혀 다르다. 아랍전통 여자의상을 입어야만 나 아닌 다른 사람으로부터 존경을 받을 수 있다고 믿고 있다는 점이다.

그들이 믿고 기대하는 자존심(pride)의 본질이야말로 아랍의상의 측면으로 해석하면 이해가 된다. 여성에게 필요한 존경심 확보는 칸두라(kandura)에서 나온 것으로 이해하고 있다는 사실이다. 반면 남자 의상인 디슈다사(dishdasha)도 그렇게 이해된다고 믿고 있다. 이를 공식화하면 '칸드라 · 디슈다사=공경심의 상징' 쯤일 것이다.

셋째, 오일머니(Oil Money)다. 석유와 천연가스로 벌어들인 부와 국민소득은 그들의 신분상승으로 직결되면서부터 자연스럽게 선민의식을 만끽하게 하고 있다.

이러한 세 가지 측면의 특혜(또는 보장)는 아랍 버전에 해당되고 동시에 우먼파워가 일어날 수밖에 없는 아부다비 사회발전의 토양이 되고 있음이 그저 부러울 뿐이다.

아부다비대학, 뉴욕대학, 소르본대학

아부다비 로컬들은 너나없이 유치원에서 대학까지 무상교육의 혜택을 누리고 있다. 여기다가 사교육 시설도 다양하게 갖추어져 있다. 또한 수천 명에 달하는 남녀 학생들이 선진학문을 배우기 위해 정부지원으로 해외유학에 나선다.

아부다비는 세계에서 가장 교육열이 높은 도시국가에 속한다. 고등학교 졸업을 앞둔 여학생의 95%와 남학생의 80%가 대학으로 진학하거나 해외유학을 선택한다. 아부다비를 대표하는 유명대학으로는 알 아인에 위치한 UAE대학(United Arab Emirates University)을 꼽는다. 자에드대학(Zayed University)은 최고의 여자 명문대학으로서 아부다비와 두바이 두 곳에 각각 캠퍼스를 운영하고 있다. 최근 신설된 단과대학으로는 '푸자이라 기술대학'을 비롯하여 칼리파 시에 위치한 '아부다비 여자대학'을 들 수 있다.

아부다비는 자유로운 지식 인구를 유입하기 위해 행정지구(Capital District)를 '도시의 두뇌(city brain)'로 지정했다.

최근 아부다비는 예술과 환경 등의 분야에서 혁신 프로그램 창달을 위해 에미리트 재단(Emirates Foundation)을 운영하고 있다. 이 교육재단은 공공

부문과 민간부문 모두를 포괄하는 범국가적 학술지원 단체의 성격이 짙다. 아부다비는 모든 지출항목에서 교육투자만은 항상 우선순위에 두고 있다. ‘포스트 오일머니’ 에 대한 준비를 읽게 하는 대목이다.

이러한 몇 가지 아부다비 교육현실을 소개하는 일은 어렵지 않다. 그저 보도자료에서 흔하게 보는 뉴스에 속할 뿐이다. 그래도 이렇게 소개하는 데에는 다른 이유가 있다. 그것은 도시컨설팅사 존스 랑 라살이 선정한 ‘아부다비 역동성 10가지’ 에 추가해야 할 아쉬운 부분이 바로 아부다비 대학이었기 때문이다.

그 이유에 대한 새로운 조명이 필요함에 필자도 동의한 터다.

기업 필요에 따라 커리큘럼 선호

위스키와 대학의 공통점은 무엇일까. 밀가루와 설탕을 기계에 넣고 돌리면 곧바로 과자가 생산되는 일과 대학의 공통점은 무엇일까.

앞의 답은 ‘높은 수준에 오르려면 수십 년의 시간이 걸리기 마련이다’ 는 것이다. 그리고 뒤의 답은 전문적인 커리큘럼이 없으면 붕어빵처럼 비전문가의 양산에 이른다는 것이다.

우문현답에는 캠퍼스 진리가 숨어 있다. 아부다비 대학들의 공통점은 기업 필요에 따라 커리큘럼을 개발하여 실무형 인재를 양성하는 데 있다. 대학의 역사와 전통이 없는 대학이 국가경쟁력을 갖추기가 그만큼 어렵다는 점이다.

하지만 이 공식에 예외가 생겼다. 두바이의 ‘날리지 빌리지(Knowledge

Village)' 가 등장하면서 생긴 일이다. 아부다비 지도자도 대학을 직접 설립해 육성하는 방법으로는 단시간에 경쟁력 있는 대학을 만들 수 없다는 판단에 따라 세계적인 명문 대학과 유명 커리큘럼 유치에 더 열을 올리고 있다.

그 결과물이 파리 제4대학 소르본(Paris Sorbonne)대학과 뉴욕대학(State University of New York at Stony Brook)의 아부다비 유치다.

국경 없는 대학시대

세계 대학 간의 교류는 과거에도 있었다. 대개 교환교수제도나 교환학생제도와 같은 인적교류가 주를 이루었다. 공동학위제도와 같이 이름만 빌려주는 '프랜차이즈' 형태의 프로그램도 있었다. 하지만 최근 들어 대학의 국경이 사라지고 있다.

미국대학이 중동지역에 분교를 짓고 유럽대학이 아시아에 분교를 내고 있다. 교육전문가들은 '국경 없는 대학시대' 가 열리고 있다고 입을 모은다. 영국 런던의 '국경 없는 고등교육연구소' 에서 이 같은 대학 100여 해외분교를 가장 많이 유치한 곳은 대학교육 역사가 일천한 중동지역이다. 그 대표적인 케이스가 아부다비의 '도시의 두뇌' 와 카타르 도하의 '교육도시(Educational City)' 이고 두바이의 '날리지 빌리지' 다.

한국 송도에 들어서는 '글로벌 대학 캠퍼스' 도 비슷한 콘셉트다. 특히 한국의 대학들도 중동지역 대학가 진출에 많은 노력을 보탰다. 하지만 별 소득은 없었다. 우선 두 가지 이유에서다.

하나는 스킨십 교육에 점수를 주는 중동지역 대학교육을 외면하고 사이

버대학과 같은 온라인교육으로 제안한 것에 대한 서로의 이해부족이다. 둘은 특화된 세계 최고의 커리큘럼에서 해당 대학교를 찾는 것을 간과한 대목이다. 따라서 이 두 가지 미비사항을 보충해 1차적으로 녹색성장 기반의 스마트그리드 교육커리큘럼 개발과 판매, 그리고 실전교육은 한 대안이 된다.

따라서 중동지역 대학 유치국들은 외국 대학의 연구자원과 자국 산업개발을 연계하는 칵테일 효과를 기대하고 있다.

발랄한 아부다비 여대생

아부다비 대학들의 캠퍼스 풍경은 우리의 상식을 초월하여 매우 개방적이다. 특히 여대생들은 차도르와 히잡에 대한 착용을 문화적 습관으로 이해해서 별 다른 반응을 보이지 않고 있다. 이를 거추장스럽다고 느낀 쪽이 더 촌스럽다.

그들의 자부심과 교육철학은 현실과 진리의 테두리에서 선진국 수준에 돌입하는 자세확립에 있다. 그들은 거의 매일 텔레비전 커머셜(CF)을 화두에 올리고 유명가수의 노랫말에 유행을 섭렵하고 있다. 광고 내용은 물론 내레이션까지 달달 외우는 모습에서 그들에게 가졌던 편견과 선입견이 괜히 무안해지기도 한다.

왜냐하면 아부다비 이슬람 사원에서 울려나오는 아잔은 알라신과 기도, 평화와 성공, 미래와 가족의 안녕에 관한 내용이라고 믿고 있다. 그런데도 이 내용을 문화적 차원에서 기술하지 못하고 옆길로만 빠져가는 필자의 무능력과 외면이 왠지 마뜩치 않다. 필자가 알고 있는 무슬림들에게 미안한

마음이 앞서고 있기 때문이다.

어쨌든 아부다비여자대학 캠퍼스에서 지켜보았던 발랄함이 상상을 넘어설 정도로 활기차고 밝았다는 점은 분명하다.

이러한 발랄함이야말로 아부다비대학과 뉴욕대학, 그리고 소르본대학들과 질적 차이점이 없다는 방증이다. 그러한 활기참과 밝음은 캠퍼스 안에서 당연한 것이긴 하지만.

Chapter 5
Abu Dhabi Challenge

POWER OF

도시국가 아부다비의 도전은 특별하다. 차별성을 살리고 있기에 그렇다. 우선 미래 먹거리를 위해 문화와 관광을 함께 발전시키는 모습부터 중동지역 산유국다운 정책적 결정까지 일관성 유지가 돋보였기 때문이다. 너무나 도전적이기 때문에 자원빈국 한국으로는 시샘과 질투는 당연하고 그 너머 새로운 비약에 경외심마저 일고 있다.

ABU DHABI

우리에게 자구책 강구를 주문하기 시작한 도시국가 아부다비가 그들의 도전과 비

약을 설명하고 이를 증명하는 일은 매우 인상적이다. 고공훈련기 T-50 대신 원

자력 발전소 설립에 관한 주문장을 내놓은 데서 잘 드러나고 있다.

Challenge you to race me

도시국가 아부다비의 도전은 특별하다. 차별성을 살리고 있기에 그렇다. 우선 미래 먹거리를 위해 문화와 관광을 함께 발전시키는 모습부터 중동지역 산유국다운 정책적 결정까지 일관성 유지가 돋보였기 때문이다. 너무나 도전적이기 때문에 자원빈국 한국으로서는 시샘과 질투는 당연하고 그 너머 새로운 비약에 경외마저 일고 있다.

지금의 GDP를 5배 이상 늘리겠다는, '아부다비 2030' 한 대목에 이르러서는 도전과 비약을 통한 도시국가 이미지를 강하게 만들고 있는 그들의 전략에 또 놀라지 않을 수 없다.

이런 야심찬 발표와 비전은 아부다비의 국부(SWF: Sovereign Wealth Fund)의 원천인 석유와 천연가스에서 비롯된다. 에너지 97%를 수입에 의존하는 한국입장에서 보면 자명한 이치다.

세계사적 관점에서 보아도 이머징마켓이 득세하는 가운데 중국과 인도의 발전에 따라 고유가와 저유가 사이에서 석유가격은 결정된다. 불변이 아닌 가변이기 때문에 석유가격 형성은 이 두 사이를 반복하게 된다. 2008년 7월과 같은 석유 1배럴당 147달러라는 고유가는 좀처럼 형성되지 않겠지만,

미국발 금융위기 이후 지금은 70달러를 형성하고 있다.

이러한 석유가격 형성을 통해 아부다비 도전은 시작되었다. 예컨대 지금의 글로벌 금융위기를 기회로 삼고 다시 도전과 도약에 국력을 모으고 있는 것이다. 이게 바로 도시국가 아부다비의 도전을 다시 읽어야 하는 대목이 되고 동시에 자원외교 매진이 절대적으로 필요한 한국 에너지 현실까지 교집합된 의미이기도 하다.

석유 정치학

'냉전시대의 최고의 무기는 핵무기였지만 이제 무기는 석유다.'

'21세기를 가장 위협하는 것은 대량살상무기도 아니고 급진 이슬람단체도 아니다. 석유를 향한 중국과 인도의 탐욕이다.'

석유 가격의 변수가 계속되면서 이러한 화두가 최근 국제사회에 대두되고 있다. '석유 정치학'의 관점에서 국제질서를 따져보는 움직임이 아부다비를 비롯한 중동지역에서 일고 있다.

2006년 5월. 우고 차베스 베네수엘라 대통령은 유엔 연설에서 조지 W. 부시 전 미국 대통령을 '악마'라고 맹비난을 쏟았다. 토니 블레어 전 영국 총리를 향해서는 '지옥에나 가라'라고 독설을 퍼부었다. 마무드 아마디네자드 이란 대통령도 같은 해 '홀로코스트(나치 독일의 유대인 대량 학살)'를 사실이 아닌 '신화'라고 주장했다.

미국의 지속가능한 에너지 경제 네트워크(SEEN)의 공동 소장인 나디아 마르티네즈는 최근 한 기고에서 "유가가 배럴당 20달러였다면 그들이 이런 말을 할 수 있었을까?"라고 의문을 제기했다.

석유를 가진 자의 자신감은 이처럼 거침이 없다. 이런 현상이 두드러진 곳은 라틴 아메리카를 비롯하여 고유가로 국가재정이 두둑해진 중동지역 산유국이다. 아부다비도 예외는 아니다. 하지만 그들의 변신은 특별함을 지닌다. '포스트 오일머니'를 대비한 정책적 발표에서, 차원이 다른 미래 먹거리 준비를 최우선으로 삼는 데서 아부다비 도전의 특별함이 돋보이는 것이다.

새 질서는 유전에서

도시국가 아부다비가 석유 정치학에서 발군의 실력을 발휘한 배경에는 에너지 수출에서 기인한다. 에너지가 세계 경제를 바꾸는 데 따른 프리미엄이 작용함으로 해서 강한 국력이 생겨났다. 매년 새롭게 문화와 관광 도시 인프라를 구축하고 있는 아부다비의 변화는 한국이 절대적으로 필요로 하는 자원외교의 본질에 관한 해법까지 주고 있다.

외교의 본질은 더불어서 함께 사는 일이다. 서로가 주고받는 것에서부터 외교적 신뢰가 쌓여지고 있다는 점은 세계사적 현실이다. 오랜 역사가 그렇게 가르쳤다. 현존의 세계경제도 외교의 본질에서 크게 벗어나지 않고 있다.

국가마다 국방외교와 자주외교를 주장하고 다른 한편으로는 자원외교까지 챙기는 것이 일반화된 상식이자 국제질서이다. 이미 식상한 뉴스이기도 하다.

국가발전의 원동력이 되고 있는 에너지 확보문제는 국가적 현안이 된 지 오래다. 자원빈국에 속한 한국에게 있어서 자원외교는 국민생활 향상과 더불어 부국의 희망과 맥을 같이 하고 있기 때문에 에너지 확보는 곧 국가 미래와 직결된다. 새 국제질서는 유전에서 힘이 나온 것과 무관하지 않다.

이를 공식화하면 '자원외교=국력의 지표' 쯤 일 수 있다.

지난 20세기 냉전시대에서의 외교는 국방영토에서 빛을 발한 반면 21세기 그린시대에서의 외교는 자원외교가 주된 핵심과제가 되고 있다. 한국 외교의 지평이 에너지 확보와 같은 자원외교를 추스르고 동시에 저탄소 녹색성장을 가시화시키는 일을 떠올려보면 자명한 이치이다. 에너지를 확보하고 함께 에너지를 절약하는 정책적 결실이 필요한 이유이기도 하다. 이를 반면교사로 삼을 대상국에서 도시국가 아부다비가 그 중앙에 버티고 있다.

석유는 안보상품

이를 강하게 인지시키고 있는 아부다비는 석유의 자원화에 이어 안보상품으로서 국력에 대한 자심감이 돋보이고 있다. 그 이유는 단 하나. 에너지는 정치적 안보상품이기 때문이다. 제2차 세계대전 이후 대부분의 국제정치 사건의 배후에는 어김없이 석유확보 경쟁이 김칫독 우거지처럼 끼어 있었다.

실제로 미 소 냉전 대결에서 미국 주요 외교목표에 하나는 중동지역 산유국들에게서 러시아(구 소련)의 영향력을 배제시키는 일이었다. 21세기에서

도 이러한 구도적 관계는 빛이 바랬지만, 대신 중국과 인도 등 이머징마켓의 달러 러시는 광풍의 형국이다. 그들의 무기는 '인프라 줄게 에너지 다오'로 패러디해도 좋다.

반면 한국의 자원외교의 성적표는 어떨까. 아부다비 로컬의 평가는 그렇게 좋지 않다. 점수로 매기는 것을 꺼려하면서도 안보상품 석유를 통해 중국과 인도, 그리고 일본에 대한 러브콜을 연구 조사하라고 조언을 내놓고 있다. 결론적으로 자원빈국 한국은 도시국가 아부다비의 도전을 통해 자원외교에서 레이스 상대들과의 일전이 불가피함을 인지하는 일이다.

물론 여기에 대한 자구책 강구는 시대적 요구일 수 있다. 아부다비 로컬들은 이를 우리에게 주문하기 시작했다.

3b5F라는 이름의 아부다비 도전

　우리에게 자구책 강구를 주문하기 시작한 도시국가 아부다비가 그들의 도전과 비약을 설명하고 이를 증명하는 일은 매우 인상적이다. 고공훈련기 T-50 대신 원자력 발전소 설립에 관한 주문장을 내놓은 데서 잘 드러나고 있다.

　우선적으로 화석연료를 싹쓸이하고 있는 중국과 인도의 약진이 자원외교의 본질을 우리에게 제시한 것과 관련해서 아부다비 도전은 이미 구체화되고 있다.

　앞에서 여러 차례 언급한 대로 아부다비의 차별성과 독특함은 그들이 쌓고 있는 도시국가 창조를 통한 자신감에서 비롯된다. '하면 된다' 는 전근대적 국가개조와는 질과 품격이 다르다. 열사의 나라라는 지리학적 생태 한계를 불식시키고 부국과 부강을 업은 칼리파 지도자의 정책적 용단은 더욱 빛이 나고 있다.

　이제 그들은 이를 아부다비 도전으로 총정리해내기 바쁘게 개념적인 법칙을 내걸고 있다.

　이름하여 '3b5F라는 이름의 아부다비 도전' 이다.

도전 거래명세서 3b – being · biggest · best

나와 너, 남과 여, 도시국가와 다른 도식국가와의 비교는 항상 새로운 역사를 쓰게 된다. 경쟁이라는 사회 경제 질서가 만든 메커니즘에 따라 꾸준히 작동하는 것에 의해서다. 대비되는 상대의 차별성은 이를 기반으로 독창성과 함께 부과 가난, 문화인과 비문화인, 강국과 빈국으로 나눠진다.

따라서 도시국가 아부다비가 지금과 같이 중동지역에서 도시국가로 등극되는 일이야말로 지도자의 용단과 함께 일관성 있는 정책 강구, 그리고 미래 먹거리에 대한 인식을 바탕삼아 국가 구성원 전체가 힘을 합한 결과이다.

이를 가능하게 만든 정책적 제시어는 세 가지로 요약할 수 있다.

최초(being-세계 최초의 카본 프리 시티인 아부다비 마스다르 구축)를 비롯하여 최대(biggest)와 최고(best)의 지향이다. 전략적 접근이 아닌, 보고 느끼고 수치화가 가능한 전술적 접근으로 이를 도식화한 점이 우선 아부다비답다. 이는 사막이라는 태생적 한계를 그대로 받아들인 한편, 사막에서 생산되는 석유 에너지를 통해 국력을 집대성하는 도전이다.

이를 기반삼아 다른 도시국가와의 차별성에 각을 세우고 자국 항공사인 에티하드항공에 외국 관광객을 불러 모을 수 있다는 점을 인식한 것이다. 때문에 아부다비 지도자는 이를 극대화하기 위한 전술적 차원의 세 가지 가이드라인을 설정했고 국정의 우선순위 결정판이 되고 있다.

모든 국가적 사업에서 최초이거나 최대이거나 최고가 되는 일이 그것이다. 판박이 문화시설이라든지 미투(me too)라든지 모방으로는 아부다비가 만년 2등에서 맴돌 뿐임을 너무나 잘 알고 있기 때문에 그렇다. 전통 아랍 문화 재창조를 비롯해 프랑스 루브르박물관 분원의 문화시설 유치가 관광 조건의 만족도에 크게 기여할 것이라고 확신하고 있음을 볼 수 있다.

이를 통해 아부다비는 역설적이게도 '그린 라이프스타일'을 제안하고 있고 결국 '뉴 아부다비 컬처'가 가능함에 큰 기대를 걸고 있음을 알 수 있다.

도전 거래명세서 5F – Fuel · Future · Fortune · Flat · Finance

앞의 3b(being · biggest · best)가 아부다비 도시국가 창조에 관한 도전적 전술의 요소라면 5F(Fuel · Future · Fortune · Flat · Finance)는 보이지 않는 전략의 도전적 요소로 구분할 수 있다.

첫째, 화석연료로 대변되는 연료(Fuel)는 중동지역 산유국 아부다비의 상징이다. 경제적 자립과 함께 도시 창조의 역사를 쓰게 하는 원동력이다. 하지만 화석연료의 고갈은 시간문제다. 무한할 수 없다. 이를 대비하기 위해 아부다비는 이미 신재생에너지산업에 대한 청사진을 제시하고 있고 이를 현실화하는 데 앞장서고 있다.

사자성어 '유비무환'으로는 부족하다. 그 이상의 무게와 가치로, 도시국가 창조에 매진하는 것을 지켜본 외국인이라면 일단 후한 점수를 주게 된다.

둘째, 도시국가 모든 조직원에 대한 삶의 질 향상과 기여는 미래의 보장이다. 미래는 준비하는 자의 몫이기에 아부다비 미래(Future) 보장은 곧 발전과 번영의 상징이 된다. 이미 도시국가 아부다비는 '아부다비 2030'을 통해 2030년까지 로드맵을 정해 이를 실천하기 시작했고 이제 아부다비 미래는 거시적 완성을 향해 달리고 있다.

셋째, 아부다비 축복(Fortune)은 이미 알라신의 축복을 받고 있다. 이미 복 받은 도시국가답게 항상 알라신에게 감사를 드리고 있다. 무슬림의 신앙심에서 우러나온 자업자득이 이런 게 아닌가 싶다.

이들이 믿고 의지하는 또 신앙심의 원천인 알라의 축복에 일말의 불안이나 의심이 없다. 새벽 초승달이 밤하늘에 떠있는 날의 이슬람 성전 모스크에서 낭랑하게 울려퍼지는 아잔을 듣고 있으면 그들의 축복은 예부터 신의 영역에서 인간의 영역으로 옮기는 신앙이 되고 있다.

넷째, 우리가 살고 있는 지구는 둥글면서도 평평해지고 있다. 2009년 4월에 시작된 전염병 신종 플루에 대한 공포가 삽시간에 전 세계인을 불안에 떨게 만드는 일에서도 우리 지구촌이 이미 평평해지고 있음을 알 수 있다. '세계화'와 '글로벌화'가 가져온 프리미엄에 따라 전 세계가 일의대수(一衣帶水)로 형성되고 있음이 그대로 반영된 것이다.

욕망이라는 이름의 전차

도시국가 아부다비 도전 코드인 '3b5F'의 초대는 영화 '욕망이라는 이름의 전차'를 제작한 페트로 알모도바라의 작품과 같은 반열이다.

1995년 영화배우 비비안 리가 주연한 작품으로 여기에 나온 메시지는 너무나 강력했다. 이를테면 인간은 누구나 욕망이라는 전차를 타고 싶어 한다. 그것도 평범하고 지루하기 쉬운 일상으로부터의 탈출임과 동시에 동물적 속성이기도 하다.

여기서 우리는 도시국가 아부다비가 평범한 그 무엇으로는 전 세계인의 주목은커녕 어떤 차별성도 없는 사막 도시에 불과하다는 점을 다시 생각해볼 수 있다. 그러기에 이들은 천문학적인 자금과 창의적인 아이디어를, 그것도 부족하면 외국으로부터 수입(?)해 도시국가 창조에 매진하고 있다.

한마디로 예사롭지 않는 변신이 바로 '욕망이라는 이름의 전차'의 내용과 흡사하게 느끼게 한다. 바로 도시국가 아부다비 비전 코드인 '3b5F'의 본말이 그렇다는 것이다. 알라신의 계시(啓示)일까, 가르침일까, 괜히 물음만 늘어나고 있다.

세계 최대 국부펀드를 주무르는 아부다비투자청(ADIA)

"최근 한국기업이 파키스탄 정부로부터 대형 석탄 광구를 확보했다. PEDCO(Pan Energy Development Co. 대표 이성수)는 파키스탄 타르 지역에 있는 대형 석탄 광구(추정매장량 25억 6,000만t) 확보 계약을 파키스탄 정부와 체결했다고 밝혔다.

타르 지역은 파키스탄 최대도시 카라치에서 동쪽으로 약 410㎞ 떨어진 곳에 있다. PEDCO는 아부다비의 빈딘그룹과 공동으로 지분을 투자해 이번 광구를 인수했다. 빈딘그룹은 파키스탄에서 100만 호 주택건설사업을 시행 중이다."

앞에서 인용한 자료는 2009년 3월의 국내 한 신문매체의 기사를 그대로 옮겨 놓은 것이다. 언론에 무관심한 사람이라도 자원빈국인 우리에게는 반가운 뉴스에 속한다. 추정매장량 25억 6,000만 톤은 한국 연간 발전 및 산업용 석탄 수입량의 40배에 달한다는 보도는 그야말로 낭보에 해당한다.

하지만 아부다비 도전에서 바라보면 두 가지 깊은 의미와 해우가 가능하다. 하나는 세계 최대 국부펀드(SWF)를 운용하는 아부다비투자청(ADIA: Abu Dhabi Investment Authority)과 빈딘그룹의 관계설정이다. 다른 하나

는 이 국부펀드를 통해 PEDCO는 한국이 향후 40년 쓸 석탄을 파키스탄에
서 확보할 수 있었다는 점이다.

거인이 된 국부펀드

우리가 알고 있는 국부펀드(SWF)는 정부 외환자산을 효율적으로 운용(運
用)하기 위해 설립한 국가단위 투자기구이다. 도이치뱅크에 따르면 2007년
말 현재 국부펀드의 운용자산 규모는 3조 4,000억 달러로 추정된다. 단순
계산해도 글로벌 헤지펀드(2조 달러)와 사모투자펀드(PEF 1조 4,000억 달러)
를 합친 것과 맞먹는다.

이 보고서는 세계 최대 국부펀드인 아부다비투자청(ADIA) 펀드 규모는
8,750억 달러이고 쿠웨이트투자청(KIA)은 250억 달러로 밝혔다.

실제로 국부펀드는 재원조달 형태에 따라 상품펀드와 비(非)상품펀드로
구분된다. 여기서 상품펀드는 국가기관의 원자재 수출대금 또는 민간기업
의 수출 대금에 대한 세금 등 정부의 외환수입이 재원인 펀드다. 반면 비상
품펀드는 외환보유액이나 공적연금기금과 재정잉여자금 등에서 재원을 조
달하는 것이 상품펀드와 다르다.

특히 거인이 된 국부펀드는 경기상황에 걸맞게 국내 자금을 운용할 수 있
기 때문에 경기순환의 변동성을 줄여주는 역할까지 한다. 또 중앙은행과 달
리 적극적인 포트폴리오를 구성할 수 있어 운용수입률이 높아진다. 하지만
문제는 자산운용의 쏠림 가능성이 항상 도사리고 있다는 점이다.

우선 국부펀드로 인해 환율이 요동치거나 원자재 가격의 흐름이 왜곡될 가

능성도 배제하기 어렵다. 최근 IMF는 국제 원자재 가격이 하락할 경우 발생 가능한 산유국 등의 가격지지 움직임을 경고했다. 또한 국부펀드의 손실이 늘어나면 고스란히 국민의 세금부담으로 이어진다는 문제점도 없지 않다.

국부펀드 운용의 변화

막대한 무역적자와 재정적자를 기록하고 있는 미국에서 9·11 테러사태 이후 중동지역 국부펀드 자금이 빠져나오면서부터 이 거인의 돈은 이메징 마켓에서 다시 활동을 시작하고 있다.

세계 최대 외환보유국인 중국은 2007년 8월 국부펀드인 중국투자공사를 출범시켜 머니게임에 동참해 바야흐로 국부펀드 시대를 앞당기고 있다. 따라서 거인이 된 국부펀드는 글로벌 금융시장에서 판도를 뒤흔들어 놓고 있다. 적어도 2008년 9월의 미국발 글로벌 금융위기가 발생하기까지는 말이다.

그러나 금융위기가 실물경제로 옮겨가고 그 좋던 전 세계 경제가 몸살을 앓으면서 국부펀드 운용에도 적잖은 변화가 일기 시작했다. 우선 금전적으로 거의 모든 국부펀드가 손실을 입었다. 각국의 국부펀드들은 25% 이상의 손실을 본 것으로 추정하고 있다. 이에 따라 국부펀드의 투자활동도 크게 위축되어 2008년에는 전년 대비 40% 수준으로 투자금액의 감소를 보였다.

하지만 국부펀드는 5년 이상 장기투자를 하는 성향이 있기 때문에 이들의 행보에 대한 관심은 더 증대되고 있다. 2008년의 큰 손실에도 불구하고 중국의 국부펀드가 올해 적극적으로 해외 인수합병(M&A)을 추진하고 있는 것도 경제위기가 극복될 것이라는 믿음으로 먼 미래를 준비하는 것으로 이해되고 있다.

지난 1961년 처음 국부펀드를 조성한 나라는 도시국가 아부다비(ADIA)와 쿠웨이트(KIA)다. 비상품펀드 대신 상품펀드로 출범했다. 이 펀드들은 석유 수출로 축적된 오일머니와 무역수지 흑자로부터 조달된 자금력을 바탕으로 중동지역 국가들이 수익을 내기 위해 만든 펀드들이다.

그렇다면 다시 앞으로 거슬러 올라가 보자. 앞에서 인용한 기사처럼 한국의 한 기업은 아부다비투자청(ADIA)과 제휴해 파키스탄 타르지역의 대형 석탄 광구를 확보하게 되었음을 알 수 있다. 여기서 우리는 글로벌 경제에서 구원투수로 등장하고 있는 중동지역 오일머니에 대한 러브콜, 이를테면 오일머니 활용방안의 전형을 읽을 수 있다.

3조 달러의 이슬람 머니

2008년 7월, 한국투자증권은 이슬람 율법 '샤리아(Shariah)'의 세계적인 권위자와 자문계약을 체결했다. 모하메드 다우드 바커 박사다. 세계 금융계의 마지막 블루오션으로 불리는 이슬람 금융시장 공략을 위해서다.

바커 박사는 말레이시아 중앙은행 샤리아자문위원회 의장이기도 하다. 말레이시아는 전 세계 이슬람 채권 수쿠크 발행의 60%를 차지하고 있는 이슬람 금융 허브다.

한국투자증권은 이를 이렇게 정리하고 있다. "전통적인 금융 영역은 글로벌 투자은행(IB)이 선점하고 있지만, 이슬람 금융권은 그들도 이제 막 시작이기 때문에 겨뤄볼 만하다"고 말이다. 규모의 경제에서 3조 달러를 굴리고 있는 이슬람 머니에 대한 러브콜이 아닐 수 없다. 한국증권사를 비롯하여 국책은행들이 이슬람 금융권 진출을 서두르는 이유도 여기에 있다.

우선 이슬람 금융권이 주목을 받는 이유로는 풍부한 오일머니와 함께 펀드 운용 패턴이 옛날과 다른 포맷이고 동시에 포트폴리오 운영의 변화가 꼽히고 있다.

이명박 정부가 내건 '저탄소 녹색성장'을 완수하기 위해서는 막대한 투자가 선행되어야 한다. 녹색성장산업은 일반 제조업과 사뭇 다르다. 투자 금액도 천문학적인 데다 투자회수도 긴 시간을 필요로 한다. 그래서 중동지역 국부펀드와 오일머니에 관한 관심이 더욱 증폭되고 있다. 이들에 대한 시각도 바뀌기 시작했다.

그러나 이슬람 머니 러브콜은 말처럼 쉽지 않다는 데 문제가 있다. 앞에서 인용한 PEDCO의 경우는 극히 드문 케이스다. 그렇다고 방법은 없지 않다. 찾아보면 길은 열려 있다. 이미 아부다비 로컬들은 한국을 방문해서 몇 가지 선결조건을 요구하고 있다. 여러 가지 투자조건 완화와 함께 법적 보장을 제안했다. 최근 일본이 취한 정도의 가이드라인을 내세우면서 말이다.

따라서 도시국가 아부다비 도전을 이해하기 위해서라도, 아부다비의 도시 창조를 제대로 섭렵하기 위해서라도 그 어떤 주문이나 그 어떤 제시보다 앞서 아부다비투자청이 제안하고 있는 이슬람 금융의 활용방안을 주목할 필요가 있다.

크게 세 가지로 요약할 수 있다.

첫째, 이슬람 율법(샤리아)이 금지하는 다섯 가지 금융거래에서 자유스러울 수 있는 활용방안이다. 모든 투자에서는 이자 개념이 아닌 배당 개념이 더 강하다. 우리와 다른 기준이 적용된다.

도박사업에는 철저하게 금기를 지키고 있다. 도박산업은 과도한 위험과 불확실성(현실에 없거나 가격책정이 불가능한 거래)이 있기 때문이다. 원금보장 약속을 지킬 수 있어야 한다. 또한 이슬람 율법에 금지된 아이템에의 투자는 사양이다. 예를 들면 술과 돼지고기 등의 투자가 해당된다.

둘째, 일본이 이슬람 금융에서 배운 경험의 참고다. 2005년 이슬람 금융가는 일본 임대용 부동산에서 첫 거래를 시작했다. 이어서 말레이시아 금융시장을 통해 136억 엔 규모의 일본은행 크레딧서비스용 채권발행으로 이어갔다. 지금은 도쿄마린과 손해보험사 제너럴 타카풀 등 일본 보험업에서 거액의 투자가 이루어지고 있다.

셋째, 일본의 발 빠른 법 제도적 보완과 각종 규제 완화의 기민성이다. 2006년 12월 일본은 이슬람금융서비스협회(IFSB)에 옵서버로 참가하는 한편 이슬람금융에 대한 인식의 전환에 따라 인재 양성으로 이들의 환심을 구하기 시작했다.

우리가 요구하고 필요로 하는 이슬람금융의 러브콜은 단기 단타형 자금이 아닌 장기자금이다. 물론 그린 비즈니스 완수를 위해서는 이슬람 율법인 샤리아에 걸맞고 동시에 산업적 발전을 위해 그들의 요구를 수용하는 것도 고려대상이 된다.

따라서 아부다비투자청 소속 무라바하 계열의 하루둔(Harudun) CEO의 언급은 도움말이 된다.

"첨단산업을 보유한 일본 IT와 그린 뉴딜에 대한 관심은 절대적이다."

'한 손에는 쿠란, 한 손에는 칼'은 없다

거의 대부분 우리는 이슬람에 관한 우문(愚問)을 듣거나 알고 있다. 분명 거의 모든 사람을 전제해서다. '이슬람이라고 하면 우리는 흔히, 한 손에는 쿠란, 다른 한 손에는 칼을 들어야 한다'는 가르침이 그들의 경전 쿠란에 수록되어 있다고 믿고 있다. 그러나 아부다비 도전을 착실하게 전개하고 있는 도시국가 아부다비에 가서 무슬림들에게 이 말의 진위를 가려보면 그게 무슨 말이냐고 되묻는다.

그리고 이 우문에 이렇게 답을 준다.

"이슬람 교리에는 이런 말은 없다. 유럽을 비롯한 서구인들이 이슬람에 대한 편견으로 만든 말이 전해진 것이다."

그리고 어김없이 후렴이 이렇게 따른다.

"실제로 성경에 나오는 아브라함은 후처인 하갈과의 사이에서 이스마엘을 낳았다. 이슬람 경전 쿠란에 따르면 하갈은 이스마엘을 데리고 집을 떠나 지금의 사우디아라비아에 있는 메카에 도착한다. 이슬람을 창시한 마호

메트는 이스마엘의 후손이다. 그래서 무슬림도 기독교도와 마찬가지로 아브라함을 조상으로 삼고 있다. 따라서 그런 계시와 가르침은 신자군 전쟁 이래 900여 년에 걸친 오해의 소산이 편견으로 이어진 결과이다.”

없는 것도 종교지도자와 교과서를 통해 있다고 믿는 우리에게서 쿠란과 편견, 그리고 가르침과 오해는 깊게 드리우면서 오래된 역사적 사실처럼 여겨졌다. 누구누구의 잘잘못을 가리기보다는 우리는 도시국가 아부다비 도전을 완전 해하기 위해서라도 중동지역 비즈니스 마인드 확보와 중동지역 상업 관행, 그리고 중동지역 진출 시 협상력 강화 등을 이해하고 숙지하는 게 더 생산적이다.

중동지역 비즈니스 마인드 기원

태생적으로 제조업이 발달할 수 없기 때문에 이 지역은 예부터 상인정신 (merchant mind)이 발달하고 있다. 오랜 전통으로 이어진 상업 중심주의가 부흥되고 있는 이유이기도 하다. 모하메드 부인도 상인 출신이라는 점은 도움말이 된다.

그들의 경전 쿠란에도 ‘벌 수 있는 만큼 벌어라’ 는 가르침을 그대로 따르고 있다. 동형복수의 전통마저도 사유권과 아랍 상인정신에 기반이 되었음을 기억할 필요가 있다. 특히 고립된 유목생활로 상업에 대한 동경의 꿈을 가지고 있다는 점도 참고할 만하다.

사막이라는 태생적 자연 환경을 이해하는 것에서부터 이 지역의 상업 관행을 살펴볼 수 있다.

첫째, 견과류와 향료, 소금과 보석 등 오랫동안 부패하지 않는 상품과 고가품을 선호하는 경향이 짙다.

둘째, 부패하는 생선과 야채, 육류와 과일 등의 거래에는 큰 관심이 없다. 하급 상행위로 간주하는 경향 때문이라고 한다.

셋째, 몇 개월씩 걸리는 카라반에 익숙한 사람들이라 모든 상업 관행은 '인내심 갖고 서두르는 것이 없다' 는 식이 통하고 있다. 안 팔고 만다는 개념이다. 그래서 아파트 렌트도 장기간 비워두는 경우가 흔하다. 특히 협상 홍정은 오랜만에 만난 지인이나 친구처럼 예의를 갖추고 상면의 기회를 즐긴다.

넷째, 오일머니에 대한 강한 집착에 따라 산업구조의 다변화가 이루어지지 않고 있다. 민간투자가 이루어지지 않는 이유도 여기에 있다. 반면 정부 주도로 모든 인프라 구축이 이루어진 관계로 장관도 비즈니스맨으로의 변신이 다반사로 이어지고 있다.

중동지역 진출과 협상시 유의 사항

중동지역에 진출한 한국 기업들의 성공률이 상대적으로 매우 낮다. 여기에는 장기적인 접근이 필요하다. 단타식의 일회성은 절대 금물이다. 관련하여 그 특징을 살펴보자.

첫째, 아부다비 로컬의 표현을 빌자면 'as long as possible' 이다. 왜냐하면 우리에게 없는 스폰서피(sponsor fee)라는 독특한 거래 제도가 존재하고 있다는 점이다.

둘째, 'as high as possible'을 기억할 필요가 있다. 모든 결정권은 최고위급에서 나온다. 국가 지도자라든가 사장의 결재로 빛이 난다. 담당자는 담당자일 뿐이다.

셋째, 'as deep as possible' 이다. 시쳇말로 네트워크화한 인맥관리가 중요하다. 깊은 인맥형성이 가능하다면 모든 거래는 절반의 성공으로 치부된다.

넷째, 'be merchant sprit' 다. 세계에서 가장 상인정신이 강한 중국상인도 울고 간 곳이 중동지역이다.

녹녹하거나 만만하다고 느끼고 있다면 착각 중에 큰 착각이다. 느긋하게 기다리는 것은 기본이고 그들이 필요한 알파까지 준비해서 거래에 임해야만 결국 수익이 배가 됨을 인지해야 한다.

느긋함 가운데서 빠른 결정이 이를 상쇄하는 경우를 두고 한 조언이다. 절대로 느린 것이 아니라 빠른 결정으로 거래 상대를 대하는 그 특장점이 바로 도시국가 아부다비 도전의 핵심 메뉴이다.

제5장은 도시국가 아부다비 도전의 이해를 돕기 위해 필자는 경쟁상대의 존재로 시작해 아부다비 도전 코드인 '3b5F'와 세계 최대 국부펀드 운용자인 아부다비투자청(ADIA)의 운영 형태, 그리고 쿠란에 따른 상행위(商行爲)을 소개했다.

미래 먹거리로 문화와 관광을 함께 발전시키고 있는 도시국가 아부다비를 제대로 이해하는 데 이런 소개는 많을수록 좋을 것이다.

Middle East Economy Effect

POWER OF

실제로 아부다비는 세계 제일의 국부펀드(SWF)를 운영하고 이를 활용하는 데 달인이라는 찬사를 듣게끔 일취월장하고 있다. 이를 바탕으로 한 도시국가 아부다비의 명성과 위세는 가히 교과서감이 되고도 남는다. 이런 이유 하나만이라도 '가자 UAE! 가서보자 아부다비!'가 설득력을 얻고 있는지 모른다.

ABU DHABI

아부다비의 미래 먹거리는 문화와 관광을 함께 발전시키면서 내일을 준비하는 일

이다. 포스트 오일머니의 대응책이기도 하다. 되풀이해서 얘기한 내용이지만, 그

배경에는 GCC 권역 6개국과의 아름다운 결혼에서 비롯된다. 중동지역 경제를

아우르는 아부다비 비즈니스 이코노미의 첫 단추가 이 권역이기 때문이다.

걸프협력위원회에서 드높아진 아부다비의 위상

도시국가 아부다비가 새롭게 쓰고 있는 문화 르네상스는 한마디로 GCC 권역에서 힘을 발하는 일이다. 문화와 관광을 함께 아우르는 범국가적 리모델링은 아부다비 명분론과 같은 수준이고 같은 맥락이다.

실제로 아부다비는 세계 제일의 국부펀드(SWF)를 운영하고 이를 활용하는 데 달인이라는 찬사를 듣게끔 일취월장하고 있다. 이를 바탕으로 한 도시국가 아부다비의 명성과 위세는 가히 교과서감이 되고 남는다. 이런 이유 하나만이라도 '가자 UAE! 가서보자 아부다비!'가 설득력을 얻고 있는지 모른다.

블럭화하는 세계경제질서

지난 1981년 설립한 GCC(걸프협력위원회-UAE · 사우디아라비아 · 쿠웨이트 · 오만 · 카타르 · 바레인 등 중동지역 6개 산유국)처럼 미국은 1994년 발효된 북미자유무역협정(NAFTA) 이후 미주 대륙 34개국을 하나의 시장으로

묶어냈다.

아라비아반도를 끼고 있는 GCC 권역 6개국도 1981년 설립 이후 일정한 속도와 질서를 지키면서 벽돌을 쌓듯 한 단계 한 단계를 거쳐 내일을 준비하고 있다. GCC는 3,600만 인구를 묶어서 결국 2003년 관내 무관세 실현을 이루어냈다. 올해는 공동시장(common market)을 만드는 일에다 핵심질서를 세우고 있다. 2010년에는 화폐까지 통일하는 로드맵을 가지고 있다.

1991년 이라크가 쿠웨이트를 침공할 당시의 주변 국가들의 반응과 태도에 비교되는 모습이고 다른 질서를 만들고 있다는 점이 더욱 돋보인다. 여기에는 나프타의 성과와 의미를 그들 역시 외면하기 어려웠을 것이다.

전 세계가 권역별 경제질서 확립을 국가발전의 최우선 과제로 선정하고 이를 운용하는 것이 보편적이라는 데에 동의한 몸짓이 역력하다.

아부다비의 저력

최근 GCC 권역 6개국은 검은색 히잡을 벗어던졌다. 11세기 십자군원정 이래 서구와 대립축이었던 이들은 오일머니로 풍요로웠으나 경제·문화·종교적으로는 꼭꼭 문을 닫기에 바빴다. 석유를 둘러싼 이해와도 맞물려 세계의 화약고로 불렸던 이곳이 이제 돈과 사람, 기업을 빨아들이는 블랙홀이 되고 있다.

사막을 가로질러 향료와 비단을 날랐던 아라비아상인들이 이제는 '21세기형 노믹스 경제인'으로 대접을 받기 시작했다. 세계 금융시장을 좌지우지하는 뉴 파워로 떠오르는 중동지역 국부펀드도 이들이 주역이다. 이번 글로벌 금융위기를 겪으면서 새로운 진로모색에 팔을 걷어붙였다.

최근 들어 아부다비 변신에 주목한 GCC 권역 6개국은 저마다 도시개발과 문화진흥에 투자하며 국가개조에 발을 벗고 나섰다. 이들 가운데서도 아부다비의 변신과 열정은 곧 GCC를 대표하는 선두그룹을 자처해 미래를 알차게 준비하고 있다. 이것 하나만으로도 아부다비의 위상 제고의 체크리스트로서 가치를 지닌다.

GCC 권역 6개국이 공동시장을 출범시켰다면 유럽연합(EU)도 2007년 12월 21일 0시(현지시각)를 기해 유럽연합 27개국에서 국경이 완전히 개방되었다. 유럽대륙의 4억 인구가 완전히 '국경이 없는 시대'를 맞았음을 의미한다.

이날을 기해 폴란드·헝가리·체코·슬로바키아·에스토니아·라트비아·리투아니아·슬로베니아 등 동유럽 8개국과 지중해 섬나라 몰타 등 지난 2004년 5월에 EU에 가입한 신규 회원 9개국의 국경개방협약인 '쉥겐

조약(Schengen agreement)'이 발효되었다.

이로써 유럽 대륙 동쪽에 있는 에스토니아 수도 탈린에서 서쪽에 있는 포르투갈의 수도 리스본까지 4,000㎞를 여권검사 없이 여행하는 시대가 열렸다.

우선적으로 세계가 이렇게 국경과 여권, 그리고 화폐가 통일되는 블록화 시대를 지향하는 것에서도 아부다비에 대한 기대는 자못 크다. 그래서 더 클 수밖에 없다. 이를 위한 첫 조치와 지향점은 아부다비다운 도시국가 개조로 차별화할 수 있다.

GCC가 FTA에 거는 기대

아랍협력위원회(GCC)가 FTA에 거는 기대는 대강 두 가지로 요약할 수 있다. 하나는 포스트오일머니에 대한 준비와 미래구상으로 제조업 보강이다. 다른 하나는 자유무역을 통한 물류, 관광, 금융의 허브 지향이다. 결국 복지국가로 거듭날 것에 대한 희망의 메시지다.

이러한 일은 전 세계에 FTA 체결 바람이 거세게 일어나는 것과 무관하지 않다. 우선 다섯 가지 관점에서 그렇다.

첫째, 시장개방을 통한 생산성 향상으로 이어지는 기대다.

둘째, 인적자본이 태부족인 이들에게서 외국인 투자는 인구의 자연증가로 이어짐과 동시에 경제성장의 원동력이라는 인식 확산이 강하게 일고 있다.

셋째, 다자간 협상에 대한 한계와 제약을 극복하는 대안에 대한 믿음이다.

이를테면 WTO체제와 도하어젠다(DDA) 결렬 등에서 느꼈던 현실감 탈피다.

넷째, 개별 FTA 실적이 다자간 무역체계를 선도한다는 현실적인 인식에서 뿌리를 같이 하고 있다.

다섯째, 특정 국가 간 배타적 호혜조치의 실익 확보에 공감대 형성을 바라는 일 등이다.

이처럼 GCC 권역 6개 국가들이 FTA에 매달리는 이유는 미국의 경우와 다른 포맷을 가지고 있다. 궁극적으로 제조업의 부흥에 대한 국가적 발전이 필요하다는 인식에서 출발할 수밖에 없다는 게 그것이다. 그 다음은 체결국가 사이에는 무관세이지만 비체결국 간에는 WTO 관세가 부과되고 있어서 수출입 기본조건에 차이가 생기는 것을 불식시키는 일이다.

무역 관련 전문가들조차 지역 간 협정이 다자간 무역협정 붕괴를 타개하기 위한 유일한 방법으로 결론을 짓고 있다.

따라서 장기간 논의가 되었던 도하어젠다(DDA) 실패를 가까운 거리에서 지켜보았던 GCC로서는 당연한 기대이다. 이러한 기대와 함께 그들은 각개 전투식 형태의 무역협정을 불식시키는 일에 더 치중하고 있다. 이를 완성하기 위해 GCC 6개국이 2010년 단일통화권 실시에 박차를 가하고 있음에서도 아부다비의 위상은 진가를 발휘하고 있다.

이 점이 바로 'GCC Look'의 실체이고 경제현실이다. 글로벌 금융위기에서 이들이 찾는 차선의 신경제질서 구축이다.

아부다비의 미래 먹거리는 문화와 관광을 함께 발전시키면서 내일을 준비하는 일이다. 포스트 오일머니의 대응책이기도 하다. 되풀이해서 얘기한 내용이지만, 그 배경에는 GCC 권역 6개국과의 아름다운 결혼에서 비롯된다. 중동지역 경제를 아우르는 아부다비 비즈니스 이코노미의 첫 단추가 이 권역이기 때문이다.

1981년 출범한 GCC는 그동안 유럽연합(EU) 형식의 정치와 경제, 그리고 문화와 환경의 공동체를 추진해 오고 있다. 실제로 2008년 1월부터 GCC는 공동시장(common market)을 출범시켜서 회원국가 간 무역제한이 철폐되었고 자본과 노동의 이동이 자유스러워졌다. 통화 단일화도 준비가 순조롭게 진행 중이다.

GCC중앙은행은 사우디아라비아 리야드에서 첫 업무를 시작할 예정이다. 압둘 라흐만 하마드 알 아티야 GCC중앙은행 총재는 최근 AP통신과의 인터뷰에서 "단일통화 발행을 위한 법적, 제도적 장치를 마련하는 데 주력하고 있다"라고 밝혔다.

사우디, UAE, 카타르, 쿠웨이트, 오만, 바레인 등 6개국으로 구성된

GCC중앙은행은 중동금융의 상징이라는 점 이외에 1,500억 달러에 이르는 외환과 금 보유액을 관리하게 된다. 이 때문에 아부다비의 미래는 중동지역 경제의 한 축으로서 성장과 번영에 매진하는 계기를 맞게 되었다. 자유로운 거래는 물류와 유통, 그리고 서비스에서 새로운 경제발전의 터전으로 변화되는 것을 의미한다.

농작지 글로벌 소싱 시대 도래

중동지역 산유국인 아부다비는 자국 식량안보를 위해 해외농지 매입에 발 빠른 움직임을 보이고 있다. 아부다비는 2008년 7월까지 석유 1배럴당 147달러에 육박하는 고유가 시대를 맞아 엄청난 오일달러를 쌓아 놓고 있지만 국제 곡물가격 폭등으로 식량 확보에 어려움을 겪고 있다.

지금껏 아부다비를 비롯한 사우디아라비아 등의 식량정책은 풍부한 석유를 수출해 식량을 수입하는 단순한 수준에 머물렀다. 그러나 중동지역 못지않게 경제발전을 누리고 있는 중국과 인도 등의 곡물 수요 급증으로 '먹을거리'를 안정적으로 확보하는 데 어려움을 겪고 있다.

최근 아부다비는 아프리카와 동유럽 등지를 중심으로 농작지 확보에 나서는 글로벌 경영체제에 본격 돌입했다. 아부다비가 카자흐스탄과 수단 등지에 농경지를 확보하고 있는 반면, 사우디아라비아는 태국과 파키스탄 등과 옥수수와 밀 재배협력방안을 구축하고 있다.

아부다비와 GCC의 KISS

국가 지도자의 덕목은 모든 국가 구성원에게 자유와 평화의 제공이다. 삶의 질 향상이 여기에서 비롯됨과 무관하지 않다. 의식주 해결도 지도자의 기본적인 치적이다. 카자흐스탄과 수단에 이르기까지 농작지 확보를 위한 아부다비의 발 빠른 행보는 곧 내치와 외치에서의 지도자 안목을 읽게 한다.

그 접근론이 바로 KISS를 매우 닮았다. 여기서의 KISS는 남과 여, 연인과 연인, 부모와 자식, 자기와 이웃과의 입맞춤과 같은 사랑의 언어인 키스(kiss)와 다른 콘셉트다.

조금 비약된 논리일 수 있지만, 아부다비는 중동지역 경제 효과(Middle East Economy Effect)라는 욕망의 이름을 널리 알리기 위해 노심초사하고 있다. 이와 관련하여 KISS는 아부다비 지도자와 아부다비 관료 등에게 통하는 소통의 메시지에 안성맞춤으로 인용해도 좋은 콘셉트이고 동시에 적정한 포맷이다.

바로 최근 한국 현대그룹의 현정은 회장이 그룹 임직원에게 보냈다는 이메일이 KISS의 개념이다. 여기서 ‘KISS’는 사랑의 표시가 아니고 ‘Keep It Simple & Speedy(단순하고 신속하게 하자)’의 약자다. 이러한 멘트를 보내면서 현 회장은 “변수가 많고 급변하는 세계 경제가 요구하는 것은 신속성”일 것이며 “먼저 움직이는 기업만이 살아남을 수 있다”라고 강조했다.

이메일 말미에는 “아무리 좋은 아이디어라도 말뿐이면 소용이 없다. 전 세계가 글로벌 금융위기로 상황이 어렵다고 핑계를 대면서 주저하거나 망설인다면 세계 경제가 호전되어도 마찬가지일 것”이라며 “지금 시작하자”고 당부했다고 한다.

산유국 아부다비라고 한국과 하등 다를 것이 없다. 안에서는 해외 노동자 문제와 교육 문제가 도사리고 있고 밖에는 한결같이 경쟁 국가들이 즐비하다. 단일 권역, 단일 상권, 단일 통화, 단일 언어, 단일 이슬람, 단일 무슬림이라고 해도 아부다비가 지향하는 모든 일이 말처럼 그렇게 녹녹하지 않는 것이 지금의 중동지역 현실이다.

단적인 지적은 두바이산 원유가격이 2008년 7월 14일에는 1배럴당 147달러에 달했지만, 글로벌 금융위기를 겪은 2009년 2월 12일에는 33.98달러로 급락했다. 뉴욕 나스닥 주가가 시장변동에 따라 오르고 내리기를 반복한 것처럼, 석유가격 역시 불변이 아닌 가변이라는 점에서는 자유스러울 수 없다.

그래서 아부다비발 GCC 권역의 경제와 정치, 그리고 환경은 아부다비의 미래를 결정짓는 변수의 인자가 된다. 따라서 아바다비의 미래를 완수하기 위해서라도 그냥 'kiss'가 아닌 'KISS'의 본뜻은 교훈이 될 수 있을 것이다.

괜히 주제 파악도 없이 한 수의 훈수를 두고 싶다. 이는 시샘일까, 아니면 부러움일까.

아부다비에 대한 오해와 진실

　과연 아부다비 장래를 낙관적으로 볼 것인가. 과연 아부다비 도시개혁의 청사진을 믿을 수 있을까. 과연 아부다비 경제는 지속가능한 발전이 가능한가.

　물론 그렇지 않다는 문제점을 안고 있는 것은 미래형이고 조건부 낙관론은 정책적 결단의 부족이 된다. 도시국가가 감당하기 어려운 국제 정세에 따라 바뀌기가 쉽다는 한계가 있기 때문이다. 자의가 아닌 타의에 의한 변수가 물리적 충격이 되어 변수로 등장할 확률이 높다는 점이다.

　그래서 '과연'은 여기에 그치지 않는다. 더 많은 수식어 '과연'을 차용할 수밖에 없게끔 아부다비를 보는 시각과 느끼는 시각도 달라져야 함을 고려해야 한다.

　우선 아부다비 도시 경제와 도시 발전에 대한 아부다비 시각(또는 관점)은 동전의 양면처럼 앞과 뒤를 함께 지니고 있다. 아부바디 관문인 자에드 항구에서 힐튼호텔에 이르는 해안도로 코니치 로드(Corniche Road)를 자동차로 달리다보면 자연스럽게 오해와 진실이 함께 공존함을 느끼게 된다.

　예를 들면 중동지역의 미래에 대한 기대와 기우에서 오는 일종의 정치적 불안을 배제하기 어렵다. 그 연장선상에서 아부다비 한계를 느끼게 하는 도시 분위기가 있기 때문에 더욱 그렇다.

아부다비와 두바이의 비교우위론

아랍에미리트연합의 국가재정의 80%를 책임지고 있는 아부다비 미래는 유동적일 수밖에 없다는 혹자의 목소리도 없지 않다. 이런 시각의 기준은 국내용에 불과하다. 숲과 나무를 따로 보고는 큰 산의 이미지를 잡을 수 없듯이 중동지역 전체를 보고서 결론을 내는 것이 중요하다.

한마디로 세계적인 시각, 중동지역 경제와 문화, 그리고 사회를 조명하는 전방위적이고 객관적인 시각 설정이 필요하다. 따라서 국내용 시각 설정으로는 아부다비 미래를 다르게 채색하게 될 수 있음을 염두에 두어야 한다. 가능하면 이를 체크리스트로 삼아야 한다. 그래야만 오해와 진실이 투명하게 반영된 바른 아부다비 버전이 나오게 된다.

아부다비에 대한 기우와 우려는 샤르자 잣대로 볼 수 없다는 점이 더 그렇다. 또 도시 전체가 역동성으로, 혼잡과 무질서로 덧칠되는 샤르자 버전을 아부다비 경제 질서로 재단하는 것도 무리가 있다.

여러 차례 언급한 대로 바니야스 섬은 미국 구겐하임 문화를 수입하고 있고 '평화의 섬'이라는 의미의 사디야트(Sasdiyat) 섬은 프랑스 루브르박물관 분원을 준비하고 있다. 이렇게 다른 시각과 접근에서 오해의 요소들이 발생하고 있기 때문에 불안이 뒤따르고 있는 것은 당연한 이치이고 당연한 대접일 수 있다.

더욱이 아부다비 도시행정이 너무나 관료적으로 흐르고 있어 더딘 의사

소통 문제를 지적당하고 있다. 투명성 제고에 금이 가는 기우가 오해로 이어지고 있음은 사실이다.

그러나 아부다비에 대한 미래를 읽고 이를 이해하면 오해는 기우에 불과하다는 점이 여실하게 드러난다. 이런 점은 아이러브 아부다비가 전제되어야만 오해가 불식된다. 다시 말해 우리 모두는 외국인 시각에서 출발하기 전에 아부다비의 시각으로 읽어야만 아부다비에 대한 오해와 진실에 대해 바른 답을 구할 수 있다는 것이다.

국외용 시각의 오해와 진실

아부다비 도시 경제에서 터줏대감에 오른 기업인 보로우즈(Borouge)는 국외용 잣대가 된다. 아부다비 증시의 최고 국영회사인 ADNOC와 영국 플라스틱 기업 보레알리스(Borealls)가 합작해서 지난 1998년 세운 회사가 바로 보로우즈다.

각종 플라스틱 기술과 기자재를 납품하기 위해 세계에서 내로라하는 기업들이 보로우즈를 찾고 있지만 문전박대다. 플라스틱 기술로는 최고인 일본 기업들도 이 대접에 고개를 내젓고 있다. 글로벌 버전은 여기에서 무관하고 글로벌 마인드조차 부재다.

너무나 두터운 장벽을 쌓고 규제의 그물을 치고 있기 때문에 국내외 매스컴에 아부다비 관료주의 표본으로 장식되고 있다. 여기에는 모회사 ADNOC가 국영회사라는 것에서 비롯된 관료주의 질서가 은연 중 배어 있다.

그래도 16개나 되는 자회사들이 아부다비에 포진하고 있기 때문에 보로

오즈에 대한 러브콜은 그래도 계속되고 있다. 하지만 향후 아부다비를 러브콜할 국내외 기업들은 이러한 오해와 진실을 이해하고 역으로 이용하지 않으면 백전백패라는 점을 간과해서는 안 될 것이다.

이유는 이렇다. 보로오즈가 가지는 비즈니스 파워가 곧 아부다비 비즈니스 질서로 자리매김 되고 있다는 점이다.

굳이 여기서 필자는 보로오즈 기업 컬러를 부정적으로 소개해서 아부다비를 폄하하고 싶지는 않다. '로마에 가면 로마의 법을 따르라'는 말도 주문하지 않겠다. 다만 제2의 중동경제를 이끌고 있는 아부다비에서 얻어낼 비즈니스 기회가 필요하다면 이를 외면하지 말고 정면 돌파하라는 것이고, 그와 관련해서는 일본 기업들의 러브콜 사례를 돌아보면 도움이 될 것이다.

실제로 아부다비에 거주하는 일본인들은 2,000여 명을 넘어서고 있다. 우리 한국 동포는 고작 150명 내외다. 반면 두바이에서 사업하는 일본인들은 200여 명이지만 우리 한국 동포는 열 배에 해당하는 2,000여 명으로 파악되고 있다.

이제부터라도 아부다비를 챙겨 비즈니스 기회를 얻는 전술적 접근의 병행을 주문하고 싶다.

전문가가 부족한 아부다비

이러한 주문에서 추가할 부분은 아부다비의 전문가 부재를 지적할 수밖에 없다. 아부다비에 전문가의 태부족 상황은 전술적 접근에 있어서 꼭 고려해야 하는 사안이다. 왜냐하면 아부다비 미래 청사진의 메뉴들에서 그린 뉴딜을 준비하는 한국호가 제2의 중동지역 경제특수를 준비하기 위해서는 인재 인프라가 전제되어야 하기 때문이다.

우리와 확연히 비교될 정도로 일본 기업의 러브콜은 매우 강한 톤이다. 상재(商材)에 도가 트인 일본종합상사들이 동시다발적으로 아부다비에 포진해서 이들과의 열애 중임을 알아야 된다. 아랍채권의 다른 표현인 수쿠크에 대한 연구와 개발에도 일본 뱅커의 움직임이 예사롭지 않게 작동하고 있다. 그냥이 아니라 목소리까지 높여서 '아부다비 러브콜' 을 노래하고 있다.

아부다비 해안도로에 위치한 힐튼호텔 라운지는 일본상사 직원들이 독차지하고 있다. 그들 입에서는 '아리가도 고자이마스' 대신 '앗살나므 알라이쿰' 이라는 인사말이 아랍버전을 닮아 유창하다.

따라서 아부다비에 대한 '과연' 은 기우나 오해의 차원이 아닌 글로벌 도시국가를 지향하는 아부다비 경제 현실을 직시한 다음 결론을 내야 하며, 비즈니스 기회의 러브콜을 해야 한다.

이것 역시 필자 한 사람의 바람이 아니길 바랄 뿐이다.

아부다비 올인

우리에게 아랍에미리트연합의 도시국가 두바이는 낯설지 않다. 모르는 사람이 별로 없다. 카타르 도하도 마찬가지다. 거의 매일 매스컴에 오르내리면서 이 두 도시의 이름이 귀에 익었기 때문이기도 하다. 그러나 아랍에미리트연합의 도시국가 아부다비에 대해서는 별로 알려지지 않고 있다.

하지만 두바이에 거주하는 2,000여 명의 한인동포들에게는 아부다비에 대한 이해와 기대가 남다르다. 왜냐하면 연방정부 제정부담의 80%와 석유생산의 92%가 아부다비에서 발생한다는 경제지표를 차치하더라도, 아부다비의 청사진이 예사롭지 않음을 간파한 결과다.

일말의 부정이거나 안티가 없는 기대치로서 아부다비를 보고 있기 때문에 기대가 더 클 수밖에 없다. 앞에서 잠시 언급한 대로 글로벌 비즈니스에 강한 일본 상사원과 사람들이 두바이에 비해 더 많이 아부다비에 진을 치고 있다는 점은 곧 아부다비 올인에 관한 당위성을 얘기해 준다.

아부다비 올인의 명분

우리에게 도시국가의 다른 표현은 지역 자치단체에 해당한다. 최근 여러 나라들이 앞 다퉈 대표지역을 선정, 육성하려는 정책이 주목을 받는다. 미국의 경우 뉴욕·시카고·보스턴·LA 등을 꼽을 수 있다. 반면 일본은 도쿄와 오사카, 그리고 도요타 자동차가 있는 나고야가 그런 면면에 속한다.

한국의 창원시는 호주의 행정도시 캔버라를 벤치마킹하여 건설하였다. 하지만 창원시는 더 좋은 점수를 받고 있다. 캔버라가 바다에서 멀리 떨어진 평지에 건설된 인구 35만 명의 도시인 반면, 창원시는 바다와 산이 모두 가까이 있고 53만 명의 신도시로서 성장잠재력 역시 크다.

또한 울산시의 면적(1,057㎢)은 홍콩과 비슷하지만 1인당 국민(주민)소득은 홍콩을 이미 크게 앞섰다. 울산시는 조선과 철강 등 기반산업이 튼튼하며 무한한 잠재력을 가지고 있다.

같은 방식과 접근으로, 아부다비를 벤치마킹하여 제2 종동지역 특수를 기대하는 우리에게 있어서는 GCC 권역 도시국가에 접목시키는 일이 곧 아부다비 올인의 명분론이 될 수 있다.

미국의 실리콘밸리와 중국의 중관촌, 그리고 일본의 도요타 등이 득세하고 있듯이, 이러한 지역도시의 이해를 아부다비 사례처럼 응용시키면 아부다비 올인은 명분부터 살릴 수 있다. 가능하면 한국을 살찌우고 있는 지역도시의 장점을 이들에게 접목한다면 향후 우리는 오일머니의 수혜국이 되는 데 차질이 없을 것이다.

아부다비 올인의 실리

오래 전부터 중동지역에 라면부터 잠수함까지 팔고 있는 일본 기업들은 아부다비 시장에 올인한 지 이미 오래다. 기술집약적인 플랜트를 수출하여 재미를 보고 있는 일본종합상사를 비롯하여 이들 회사들이 발행한 구매계약서를 근거로 돈을 빌려주는 일본은행들의 활동은 대단하다. 아니 우리의 상상을 초월하고 있다.

지난 1970년대 중동건설에 불이 붙자 우리는 값싼 노동력을 경쟁력으로 삼았지만, 그들은 중장비 판매에 올인하여 좋은 대조를 보였다. 또한 벤처기업의 연구 성과물을 세계적으로 상품화시키는 데 발군의 집단인 컨설턴트들과 최첨단기술을 미국 중앙정부에 예속시키지 않기 위해 중동지역을 발판으로 삼으려는 일본 브로커들이 오래전부터 아부다비에 둥지를 틀고 있다는 점은 공공연한 비밀에 속한다.

마치 한 편의 잘 짜인 드라마를 연출하듯 아부다비 로컬의 마음을 사로잡은 경제대국 일본인들의 비즈니스 마인드는 수입해도 좋을 메뉴다. 그냥 수입이 아니라 수입을 통한 실리를 거두는 일거양득의 전면전이 요구된다. 주는 것만큼 받는 거래방식이 아닌, 아부다비를 살찌우고 나서 이를 통해 GCC 권역으로 뻗어나가는 베이스캠프를 아부다비로 설정하는 전략이 시행착오를 줄이는 방법임을 생각해야 한다.

돈의 비즈니스 윈도가 되기 위해서라도 아부다비 올인에서 얻어낼 수 있는 실리론(實理論)에는 최근 일본기업들이 이룩한 업적을 간과되어서는 안 될 것이다.

아부다비 올인의 가치

2010년부터는 새로운 아랍권 경제 블럭인 GCC가 단일통화권 시대를 연다. 그리고 한국과도 FTA 체결에 돌입하고 있다. FTA가 체결되면 교역과 무역에서 세금이 없어지고 시장이 넓게 열리고 보다 많은 무역거래가 이루어진다.

이러한 변화는 이 시장에 대한 올인의 가치가 있음을 의미한다. 실제로 GCC 권역 6개국 인구는 3,580만 명에 달하고 국민총생산도 5,780억 달러에 이른다. 따라서 아부다비를 기점으로 하여 중동지역 시장을 접근하면 성과는 그만큼 배가될 수 있다.

아부다비는 행정수반 도시의 이점도 가지고 있다. 모든 나라 대사관이 집중되어 있어, 무역관계를 지속시키기 위해서 자국 대사관을 거쳐야 하는 행정적 절차를 효율적으로 마칠 수 있다. 특히 중동지역 특수경기를 기대하는 종합상사라든가 관련기업들은 아부다비를 상대로 거래관행을 지켜가는 길목이 된다.

최근 들어 아부다비는 두바이와 공생관계를 천명하고 나서는 등 서로 보완적 비즈니스에 임하고 있다. 이것이 바로 우리 모두가 아부다비에 올인하지 않을 수 없는 배경 설명이 된다.

아부다비 올인의 교훈

중동지역의 대표신문에 하나인 〈칼리즈 타임〉은 2월 10일자 신문에 아부다비 변신을 대서특필하고 있다. 대서특필 기사답게 헤드라인을 이렇게 뽑고 있다.

"알막은 아부다비에서 97% 파이낸싱으로 집을 구입하게 했다(Amark offers 97pc finance to buy in Abu Dhabi)."

비록 한시적이지만 일정 구역을 설정해서 아부다비 로컬들에게 주택구입을 용이하게 한다는 내용이다. 솔로 걸프 가든 프로젝트(Sorouh's Golf Gardens Project)에 따라 아부다비 소재 스카이 타워(Sky Tower)를 국내외 수요자에게 판매한다는 것이다.

아부다비 마리나 구역 림섬(Reem Island)에 신축 중인 83층 복합아파트가 개인 지분소유도 가능하다는 점은 아부다비 올인에 획기적인 변화이자 교훈 이상의 의미를 지닌다.

이 신문기사대로라면 주택가격의 3%만 지불하면 아파트를 구매할 수 있음을 뜻한다. 아부다비가 도시 재건에 대한 정책적 변화를 예고한 대목이다. '규제의 제로화'와 '경쟁의 자유화'를 표방하고 있음이 이제 빈 말이 아님이 판명된 셈이다.

도시국가 아부다비는 카타르 도하처럼 개방의 물고를 트고 있다. 과거의 아부다비가 아니라 문화와 관광을 함께 발전시켜나가는 도시 발전에 발을 벗고 나섰다. 비록 처음은 낮은 속도로 달리겠지만 '포스트 오일머니'를 대비하는 도시국가답게 탄력이 붙으면 그 질주의 속도는 에티하드항공처럼 날갯짓으로 전 세계로 뻗어날 것이 뻔하다.

결론적으로 우리가 아부다비 올인에 대해서 주목하는 이유가 바로 여기에 있다.

그래서 우리는 아부다비 첫 인사말에 더 정겨움을 느끼게 된다.

"앗살나므 알라이쿰(당신에게 평화를)!"

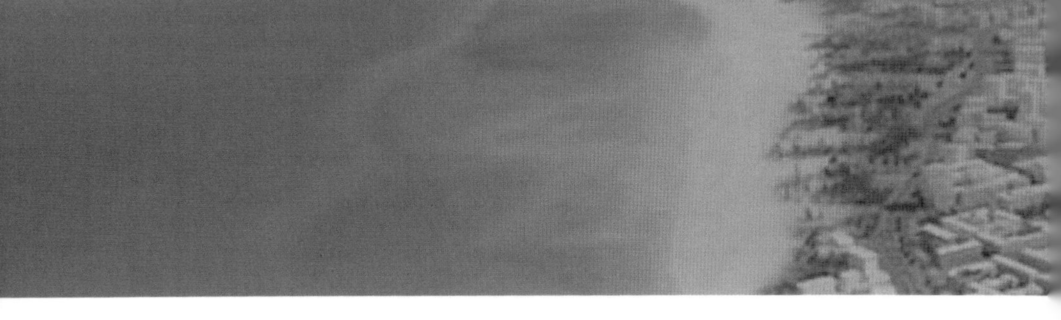

에필로그

모든 일은 관심에서 시작된다. 관심이 있고 없는 것에 따라 성과물도 평가받는다. 존재유무의 다른 해석이다. 미래는 준비하는 자의 몫이라는 말도 여기에서 비롯된다. 우리가 흔하게 듣던 얘기이지만, 이 책의 모티브도 중동지역에 관한 관심에서 시작하여 결과물로 나올 수 있었다.

이를테면 이 관심은 결국 글로벌 도시국가 아부다비를 읽게 했고 아랍문화를 거쳐서 포스트 오일머니, 그리고 이자가 아닌 배당 개념의 수쿠크까지 이해하는 데의 단초로서 작용했다. 다만 필자는 여기에 관심을 기반 삼아 집필이라고 하는 과정을 통해 핵심역량을 극대화시켰다. 중동지역에 대한 러브콜쯤일 것이다.

이 책의 큰 줄거리는 모두 다섯 가지로 요약할 수 있다.

'글로벌 도시국가'와 'GCC Look', 그리고 '포스트 오일머니(Post Oil Money)'다.

다른 둘은 '문화와 관광을 함께 발전시키고 있는 도시국가 아부다비'와 '아랍문화 허브 지향의 세계인 초대'다.

이 책에서 필자가 말하고 싶었던 것은 여러 차례 언급한 내용이지만 도시

국가 아부다비 실체의 해부이다. 곧 아부다비 버전의 변형이다. 이제 우리 독자들은 이 버전과 핵심역량을 중동지역 특수에 필요한 정보의 공유로 대접해주기를 바란다.

이러한 가이드라인 설정은 자타가 공인한 아부다비의 새 얼굴로서 아부다비 미래형성과 무관하지 않다. 아부다비는 이번 세계 금융위기를 겪으면서 새롭게 변신을 시도하고 있다. 옛날의 조개잡이 지역이 아니라 중동지역의 도시국가의 모델이 되게끔 도시 전체가 리모델링에 착수했다.

집필의 초심은 아부다비의 실체 조사와 연구를 거쳐 해부하고 분해하는 과정을 섭렵했다.

또한 중동지역의 부정적 이미지와 사막의 신비가 믹스된 현장까지 안내하는 억척까지 보탰다.

아부다비는 중동지역의 배타성 이미지를 불식시키면서 새롭게 주목받고 있다. 비록 한때이지만 도시국가 두바이의 영광과 역동성에 가려서 변방에 치우치거나 아예 잊어지는 분위기도 이번 금융위기를 거치면서 더 빛을 발하고 있다.

앞에서 얘기한 다섯 가지 요약을 교집합해보면 우리가 간과했거나 몰랐던 도시국가 아부다비의 새로운 이미지가 생겨나게 된다. 그래서 필자는 이 책을 통해 아부다비 정체성과 현실성을 직시해 집필에 올인했다. 선택과 집중의 노하우를 살린 것에 대한 그 이상도 그 이하도 아니다.

'뜻이 있는 곳에 길이 있다'라는 우리나라 속담이 주는 메시지처럼 아부다비에 대한 이해부족은 다음 문제다. 우선적으로 아부다비 러브콜의 유무에 따라 결과는 다를 수밖에 없다. 도시국가 아부다비의 큰 그림을 그리기 위해 감성과 이성을 적절하게 배합하는 노력마저 잊지 않았다.

중동지역 거의 모든 국가가 지향하고 있는 '포스트 오일머니'를 생각하면 필연적으로 아부다비에 대한 빅 메시지가 되고 동시에 큰 그림이 될 수밖에 없다.

이 책의 원고를 출판사에 넘기면서 필자는 두 가지 관점에서 많은 생각을 갖게 했다. 하나는 언행일치가 말처럼 쉽지 않다는 점이다. 이 책에 앞서 출판된 필자의 졸저(拙著) 〈글로벌 브랜드 두바이〉 후렴에서 아부다비 관련 출판을 약속한 부분이 있었다. 약속도 독자와의 공약이기 때문에 식언(食言)이 되지 않기 위해 정보수집과 시장조사를 금과옥조로 삼아 3년여의 시간을 투자했다.

또 한 가지는 약속에 그치지 않고 아부다비 버전으로서 도서의 가치와 무게를 겸해야 된다는 점을 잊지 않았다. 이에 실제로 다섯 번이나 아부다비를 방문하는 극성(?)까지 보탰다. 그 극성의 힘은 지금과 같은 글로벌 금융위기 속에서도 약진과 비약을 시의 적절하게 배합하는 아부다비의 힘을 보았기 때문이다.

열정의 산물로 평가받기를 원하는 그런 책이 되게끔 혼신을 쏟았다는 얘기다.

출판이 가능하게 된 데는 많은 분들의 물질적 사랑과 협조가 있었다. 다시 한 번 이 책 서문에서 밝힌 고마운 사람들에게 진 빚과 신세는 두고두고 갚을 것이다. 그들은 지금도 새벽기도를 통해 OIC(이슬람회의기구) 57개국 15억 명의 무슬림에게 필요한 중동지역 평화와 세계 안녕을 기도드리는 일도 잘 알고 있다.

그 맨 끝자락에서, 오늘의 필자가 있기까지 헌신적이었고 남편 뒷바라지의 달인(?) 내 아내 이현숙에게 가슴속 깊은 사랑을 보낸다. 또한 가족 구성원에게도 진한 감사를 곁들인다.

이를 고사성어로 풀어쓰면 '걸(乞)! 기대(期待)의 감사(感謝)'라고 격상(?)시켜도 의미는 마찬가지다.

그만큼 강한 내조와 숨은 가족들의 헌신이 이런 지적 결과물이 되었기 때문이다.

참고문헌

- 김동호(2008). '문화가 도시를 먹여 살린다'. 〈중앙일보〉. 12.10.
- 김수언(2007). '폭발하는 수쿠크 시장'. 〈한국경제〉. 1.31.
- 김정환(2008). '싱가포르 F1 그랑프리를 가보니'. 〈매일경제〉. 9.27.
- 김종도(2006). '아직도 갈 길 먼 이슬람 연구'. 〈조선일보〉. 9.4.
- 대니얼 예긴(1993). 〈황금의 샘〉. 김태유 역. 고려원.
- 박대민(2007). '건설사 함께 580억 달러 오일머니 캔다'. 〈매일경제〉 6.12.
- 서정민(2007). '재미있고 유익한 중동 이야기'. 한국중동협회보. 가을호.
- 선정민(2007). '국부펀드가 달려온다'. 〈조선일보〉. 12.22.
- 성호철(2007). '이슬람도 글로벌 바람'. 〈매일경제〉. 10.9.
- 아랍에미리트 대사관(2006). 〈한 눈으로 보는 UAE〉.
- 안의정(2006). 〈셰이크 모하메드의 두바이 프로젝트〉. 미래사.
- 안정락(2007). '폭발하는 중동 오일머니의 힘'. 〈한국경제〉. 9.22.
- 연영철(2007). 〈아부다비 투자환경 및 진출전략〉. KOTRA.
- 오승구(2006). 〈중동 오일머니 활용 방안〉. 삼성경제연구소.
- 이영희(2007). 'UAE, 2007년도 경제전망'. KOTRA.
- 이영희(2007). 'UAE, 건설·플랜트 발주 규모 및 관련 기자재 수입시장 현황'. KOTRA.
- 이원복(2007). 〈가로세로 세계사─중동〉. 김영사.
- 임은모(2007). 〈글로벌 브랜드 두바이〉. 미래사.
- 임은모(2007). '2,500억 달러의 아부다비 초대장'. 프레지던트. 10월호.
- 장용승(2007). 'GE 성장전략은 중동 SOC 원스톱 서비스'. 〈매일경제〉. 6.6.
- 장택동(2008). '중동산유국 딜레마'. 〈동아일보〉. 5.24.
- 전진배(2008). '문화가 도시를 먹여 살린다'. 〈중앙일보〉. 12.9.

- 제프리 로빈슨(2003). 〈석유황제 야마니〉. 유경찬 역. 아라크네.
- 조현정(2008). '아부다비 신도시개발에 2,000억 달러'. 〈매일경제〉. 1.6.
- 주동주(2006). '중동 오일머니 현황과 환류방안'. 국제산업협력실.
- 주성하(2007). 'UAE 카폰 프리 시티 만든다'. 〈동아일보〉. 8.8.
- 차경진(2006). '이슬람 금융 개요'. 해외경제연구소.
- 최진영(2004). '중동문화의 이해'. 한국중동협회보. 여름호.
- 한국수출입은행(2006). 〈세계국가편람〉.
- 한국이슬람교중앙회(2006). 〈이슬람은?〉.
- 한배선(2008). '문화의 힘!, 떼돈 버는 루브르'. 〈매일경제〉. 1.11.
- 홍성민(2000). '이슬람은행과 금융'. 중동연구 제18권.
- 황의갑(2005). '이슬람의 이해'. 한국중동협회보. 가을호.
- KOTRA(2008). 〈UAE의 비즈니스 모든 것〉.
- www.adcci-uae.com
- www.adnh.com
- www.adsm.co.ae
- www.wicad.com
- http://cafe.daum.net/dubai4u(다음카페 두바이포유)

가. 아부다비 투자환경

◆ 아부다비 투자시 장 · 단점

장점

○ **정치적 안정, 잘 갖춰진 인프라, 발달된 물류**
  - 중동지역 최고의 IT 인프라
  - WTO, GCC 가입국
  - 수입관세 5%(산업용 원자재 수입관세 면제)
  - 잘 발달된 항공 및 해운 서비스
  - 간편한 무역 및 산업 면허 취득 절차
  - 효율적인 금융 서비스

○ **건설, 관광, 산업 분야에서 대규모 개발 프로젝트 추진**
  - 아부다비, 향후 5년 내 1,600억 불 이상 투자 예정
    • 건설 870억 불, 관광 330억 불, 오일가스 220억 불, 산업 160억 불, 수전력 100억 불
  - 걸프연안 8개국, 2007 · 2008년 발주 프로젝트 규모만 9천억 불 수준

○ **FTA, GCC를 활용한 주변국 시장으로의 접근 용이**
  - GCC 6개국 : 인구 36백만 명, GDP 7천 3백억 불
  - GATFA : 17개국 가입, 인구 3억 명, G에 1조 4천억 불
  - EU, 중국, 미국, 인도, 터키, 일본 등과 FTA 체결 추진
  - UAE 내에서 40% 이상 부가가치 창조시, 무관세 수출 가능

○ **비교적 저렴한 생산요소 비용**
  - 전력, 가스 : 세계적으로 가장 저렴한 가격 수준(가스의 경우 중국, 인도보다 3~4배 가격이 저렴)
  - 인력 : 중국, 인도보다는 임금이 비싼 편이며 동부유럽국가와 비슷한 수준(인도 등 동남아
    시아계 노동력을 주로 사용)
  - 공업용수 : 담수화시설에 의한 용수 공급으로 중국, 인도보다 다소 비싼 편(약 2~3배)

구 분	인력 ($/시간)	전력 ($cent/KWh)	가스 ($/GJ)	공업용수 ($cent/gallon)
미 국	16~20	5.1	5.3	0.19
서부유럽	20~30	7.9	6.6	0.86
동부유럽(헝가리)	4~5	6.9	6.1	0.15
UAE(아부다비)	3~6	4.1	1.2	0.27
중 국	0.5~1.3	5.5	5.2	0.08
인 도	0.4~0.9	6.9	4.1	0.11

자료원: 맥킨지 추정치, 두바이무역관 자체조사
주: 노동력은 비숙련공 및 반숙련공 시간당 임금의 평균치

○ **아부다비 정부의 적극적인 투자 유치 및 산업화 정책 추진**

　－활발한 산업단지 개발 정책 추진(수입관세 면제, 잘 발달된 인프라, 신속한 행정서비스 제공)

　－법인세, 소득세 無, 과실송금 자유

○ **아부다비 정부의 친기업 성향의 노동정책**

　－거의 전무한 노동분쟁

단점

○ **외국인의 지분소유가 49%까지만 허용(합작법인 설립시)**

　－지사의 경우 외국인이 100% 지분 소유

○ **부품산업 등 기초산업 미발달(자동차 등 조립산업 투자에 장애)**

○ **숙련 노동력 부족(비숙련 노동력은 상대적으로 풍부)**

●●● **경영권 확보문제 관련 관행 및 전망**

＊LLC 법인 설립시(최소 자본금 AED 150,000($40,872))
－외국인 투자자에 대해 50% 이상의 지분 소유권은 인정 안하고 있지만, 많은 외국투자자들이 실제 50% 이상 100%까지 지분을 투자, 영업법인을 설립하는 사례 다수
－이 경우 거의 모든 외국투자자들은 이면계약(side agreement)을 통해 경영권과 지분소유권에 대한 권리를 확보하고 있으며, 이러한 이면계약이 관행으로 굳어져 있음(현재까지는 별다른 분쟁사례 없음).
－단, 주주들간의 분쟁으로 추후 이면계약과 상법이나 정관상의 조항이 상호 충돌할 경우에는 상법이나 정관상의 조항이 우선시될 가능성이 크므로, 대규모 투자시에는 법에 따라 49% 한도 내 지분 투자가 바람직함.
＊현재 외국인투자 유치 활성화 차원에서 일부 분야에 대한 외국 투자기업에 대해서 50% 이상 지분 인정에 대해서 연방정부 차원에서 검토 중

◆ 외국인직접투자(FDI) 유치 법령

○ UAE에서의 회사 설립 및 비즈니스 진출에 영향을 주는 법은 크게 연방 차원에서 제정된 4가지 법이며, 모든 에미리트에 적용
  - 다만, 두바이 등 자유무역지대를 운영하는 에미리트는 자유무역지대별로 특별법을 제정, 외국인 투자 지원
  - 외국인 투자에 영향을 주는 대표적인 연방법
    * The Federal Companies Law   * The Commercial Agencies Law
    * The Federal Industry Law   * The Government Tenders Law

○ 아랍에미리트 연합정부 경제부(Ministry of Economy)는 효과적인 외국인직접투자(FDI: Foreign Direct Investment) 유치를 위해 통합 외국인 투자유치법을 준비하고 있으며 2008년 발효가 예상됨.

◆ UAE 진출을 위한 법적 체계

○ 외국기업이 UAE에서 투자 또는 영업활동을 위한 방안
  - 상행위 활동(Commercial business activities) UAE 현지인과 공동지분참여를 통한 회사 설립이 유일 외국인 지분 49%로 제한 단, 자유무역지대 내에서는 100% 외국인 지분 허용
  - 비상행위 활동(Non-commercial activities) 지사 / 사무소 설립(100% 외국인 지분 보유 가능)

○ UAE(아부다비 포함)는 소수의 자유무역지대를 제외하고는 외국인의 지분 소유가 49%까지만 허용하여 외국인 경영권 보호 과제 있음.

○ 투자문호는 금융업 및 석유·가스 산업을 제외하고는 대부분 개방. 금융업은 금융기관의 수가 많아 신규설립을 제한

○ **과거 외국인 소유가 불가능했던 부동산은 특정지역의 경우 99년 동안의 소유가 가능**

　-두바이는 특정지역에 대한 외국인 영구 소유 인정, 단, 아부다비는 아직 외국인에 대한
　최대 99년 임차

　-UAE 상법(Commercial Law, 법률 8호, 1984년)에 의하면, 통상 8개의 기업유형이 있
　음(자유무역지대는 별도 규정에 의해 회사 설립).

●●● UAE 상법상 회사 유형

회사유형	주요내용
① General Partnership	-2명 이상의 파트너 기업으로 현지인에게만 인정 -최소 자본금 제한 규정 없음 -외국인 투자가에게 비적합
② Simple Limited Partnership	-2명 이상의 파트너 기업으로 현지인에게만 인정 -최소 자본금 제한 규정 없음 -외국인 투자자는 Sleeping partner로 참가 가능하나 경영권 행사 불가능(외국인 투자가에게 비적합)
③ Public Joint Stock Company(PJSC)	-주식회사와 유사한 형태로 대중에게 주식 공개 가능 -10명 이상의 주주로 회장 및 이사 절반이 현지인 -현지인 지분 51% 이상 -최소 자본금 AED 1,000만 디람($272만 불) 　은행업 AED 4,000만 디람($1,090만 불) 　보험 및 투자회사 AED 2,500만 디람($690만 불)
④ Private Joint Stock Company	-PJSC 설립요건과 대동소이 -PJSC와 상이한 점 　최소 자본금 AED 200만 디람($54만 불) 　3명 이상의 주주 　일정 요건을 갖출 경우 PJSC 전환 가능 -외국인 투자가에게 적합
⑤ Limited Liability Company(LLC)	-2명 이상 50명의 주주(주식 공개 비허용) -현지인 지분 51% 이상 -일반법인 최소 자본금 AED 150,000($40,872) -액면가 최소 AED 1,000($272) -외국인 투자가에게 적합 -일반적으로 경영권은 외국인 파트너에게 위임(Management contract를 통해 경영자를 선임, 현지인 파트너는 이사회 의결권을 외국인 파트너에게 위임)
⑥ Partnership Limited with Shares Company(PLS)	-2명 이상의 파트너 기업 -현지인 지분 51% 이상 -최소 자본금 AED 50만 디람($136,147)
⑦ Joint Participation Venture	-2명 이상의 파트너 기업(현지인 지분 51% 이상) -최소 자본금 제한 규정 없음 -특정 프로젝트 수행을 위해 단기간 운영을 목적 -법인으로 별도 등록하는 형태가 아닌 파트너 중 기 설립 기업의 상호 및 면허를 그대로 사용
⑧ Branch Office of a Foreign Company	-외국 모기업의 자회사로 등록 -100% 소유권 보장 -현지인 스폰서(서비스 에이전트) 지정 필요

부록 A. 아부다비 투자환경 및 제도

◆ 조세제도

○ 법인소득세
 −아부다비를 포함한 아랍에미리트(UAE)는 법인소득세 등 일체의 세금이 없는 세금천국임.
 −다만, 은행업, 석유산업 등 두 가지 업종에서는 법인소득세 부과

구 분	전체산업	예 외	
		에너지산업	외국계 은행
세 율	무 세	50%(두바이 55%)	20%

○ 개인소득세 : 없음

○ 부가가치세(VAT) : 없음
 −연방정부는 IMF 권유로 부가가치세 도입을 검토 중

○ 시정부세(Municipality Tax)
 −호텔 서비스에 10% 시정부세 부과
 −연 주택임차료의 5%를 매년 세입자(매니저급 이상)에게 부과

○ 수입관세
 −세율 : 5%(CIF 가격 기준)
 −GCC 국가로 부터의 수입은 무세
 −물품 수입관세도 술(50%), 담배(100%)를 제외한 모든 수입품에 GCC 공통관세 5%만 부과
  사업자 면허(Trade License) 발급 및 갱신 수수료
 −지사 : 면허 발급시 약 5,000불, 갱신시 약 600불
 −법인 : 면허 발급시 약 1,500불, 갱신시 약 600불

○ 판매세(Sales Tax) : 없음

다. 아부다비 기업설립 절차 및 관련 비용

◆ 법인설립 절차

●●● 법인 설립을 위한 주요 준비사항

구 분	내 용
법인명 승인	아부다비 상공회의소에서 법인명칭 승인
파트너십 계약 체결	파트너십 계약 체결 후 공증 (UAE 상법에 위배되지 않아야 함)
사무실 임차계약	영업활동을 수행할 본사 사무실 임차계약 체결
여권 사본 준비	모든 파트너(주주)의 여권 사본 및 사진 준비
영업활동 범위 규정	법인의 영업활동 범위 규정, 필요시 해당 관청에서 활동 승인을 득해야 함
은행 보증서 발급	은행에서 법인 자본금 납입을 증명하는 보증서 발급 -LLC : AED 150,000($40,872) -PJSC : AED 2,000,000($544,960)
신청서 작성	아부다비 상의 회원가입신청서, 면허발급 신청서 작성
경제부 등록	파트너십 계약서를 경제부(Ministry of Economy)에 등록

자료원: 아부다비 상공회의소

●●● 법인 설립 절차

관련부처	주요내용
아부다비 상의	법인명 승인
아부다비 기획경제부	아부다비 기획경제부에 사업면허 발급 신청서 접수 및 심사
아부다비 기획경제부	별도 기관 승인이 필요한 사항인 경우 해당기관에 이첩
특별 승인 관련 기관	신청자 : 특별 승인이 필요한 경우 해당기관 방문, 승인 요청
아부다비 상의	신청자 : 상의 회원 가입신청서 제출 및 회원증 발급
아부다비 경제기획부	신청자 : 상업등기부 등록 신청 및 면허 발급 요청 기획경제부 : 제반 규정 준수 여부 점검 후 연방정부 경제부(Ministry of Economy)로 이첩
연방정부 경제부	경제부에서 신청서 심사 및 등록 완료
아부다비 경제기획부	면허 발급(매년 갱신)
노동부	Company Card 개설 및 노동허가 신청

자료원: 아부다비 상공회의소

◆ 법인 및 지사 설립 비용

○ 자본금 및 기업 설립 관련 행정관청 납부 수수료만 고려할 경우

●●● 법인 유형별 자본금 및 수수료

구 분	주요 비용
LLC (Limited Liability Company)	−자본금 : AED 150,000($40,872) −행정관청 납부 수수료 : AED 5,225($1,424) 〈아부다비 경제기획부 : AED 2,225〉 • Advertising sign fee : AED 150 • Commercial Registration/Issue : AED 100 • Registration fees : AED 1,500 • Improve Services Fees : AED 375 〈연방 경제부 : AED 3,000〉 • LLC Incorporation application : AED 3,000
PJSC (Private Joing Stock Company)	−자본금 : AED 2,000,000($544,960) −행정관청 납부 수수료 : AED 38,225($10,416) 〈아부다비 경제기획부 : AED 2,225〉 • Advertising sign fee : AED 150 • Commercial Registration/Issue : AED 100 • Registraion fees : AED 1,500 • New License Issuing fees : AED 100 • Improve Services Fees : AED 375 〈연방 경제부 : AED 36,000〉 • Application Fees : AED 5,000 • Entry Fees : AED 5,000 • Publishing Fees : AED 20,000 • Incorporation Declaration Fees : AED 1,000
Branch Office	−은행잔고 : AED 50,000($13,624) −행정관청 납부 수수료 : AED 17,225($4,694) 〈아부다비 경제기획부 : AED 2,225〉 • Advertising sign fee : AED 150 • Commercial Registration/Issue : 100 • Registration fees : AED 1,500 • New License Issuing Fees : AED 375 〈연방 경제부 : AED 15,000〉 • Incorporation of Foreign Co. Branch : AED 5,000 • Registration Fees : AED 10,000

자료원: Department of Planning & Ecnomy, deportal.adeconomy.ae
주1: 상기 수수료는 중장비 판매법인을 주사업으로 가정한 소요비용으로 주사업 범위에 따라
　　소요비용 변동될 수 있음

◦ **노동허가 및 거주비자 신청 관련 비용**

　－소요기간 : 약 1달

　－소요비용 : 약 2,300불(근로자 1명 기준)

　　• 가족이 있는 경우 가족 1인당 약 750불 추가 소요

　－관련기관 : Ministry of Labour, Department of Immigration

◆ **아부다비 공단에서의 산업면허 발급 절차**

◦ **면허 발급을 위해 필요한 서류**

　－기계 리스트 및 세부사항

　－공장 리스트

　－신설기업 정관(법원 공증)

　－기계 및 공장 레이아웃

　－공장 배치도 및 관련 임차서류 사본

　－환경 면허(Environment License) 등

◦ **담당기관 : Higher Crop. for Specialized Economic Zones**

　－담당부서 : Investors Relations, Licensing Division

　－연 락 처 : TEL (971-2)550-0000 FAX (971-2)550-1999

　－웹사이트 : www.zonescorp.com

번호	주요내용
1	온라인 면허발급 신청서 작성(www.zonescorp.com/licensingsystem)
2	공단관리청(Zones Corp) Inverstors' Relations 부서, 신청서 접수
3	신청서 제반 항목 점검 후 Techncal Evaluation 부서로 이첩
4	Techncal Evaluation 부서, 제반 공장설립 관련 사항 검토 및 승인 －산업유형, 생산능력, 생산공정, 원자재 소요량, 소요 노동력, 소요 부지, 필요 증명서류, 면허취득비용 계산 등
5	부지 할당을 위해 Land Division 부서로 신청서 이첩
6	부지 할당 및 임시 할당 계약서 발급
7	추가 필요 서류 접수(기업명 신청서, 환경면허, 기업 주주별 여권 사본, 위임장 등)
8	1년 유효 임시 산업면허(Industrial license) 발급
9	공식 시설 계획과 더불어 부지임차계약서 발급
10	공단 Project Division 부서, 투자자와 협조하여 건설허가 발급절차 개시

자료원 : ZonesCorp(Higher Corporation for Specialized Economic Zones)

◆ 두바이-아부다비 및 유틸리티 관련 비용 비교

○ 유틸리티, 부지 또는 창고 임대료, 공장설립 비용 측면에서 아부다비가 두바이보다 저렴

구 분	두바이 제벨알리 자유무역지대 (공단지역)	아부다비 산업공단
유틸리티		
공업용수	AED 30($8.2)/1,000Gallons	AED 10($2.7)/1,000 Gallons
전 기	AED 20($5.4)/100Kwh	AED 15($4.1)/100Kwh
가 스	N/A	AED 4($1.1)/1MBTU
연간 임대료		
창 고	〈556sqm〉 -AED 195,000($53,134) -AED 220,000($59,946) 〈313sqm〉 -AED 120,000($2,698)	〈500sqm〉 -AED 75,000($20,436) 〈1,000sqm〉 -AED125,000($34,060) 〈2,000sqm〉 -AED 220,000($59,946)
부 지	AED 20($5.4)-AED 80($21.8) /sqm(위치, 형태에 따라 가격 차별)	AED 13($3.5)/sqm (위치에 따라 가격 차별, 상기 가격은 현재 임차가능한 부지 기준)
공장설립 관련 등록/면허발급 비용	산업면허비용 : AED 5,500 ($1,498)/연등록비용 -FZE : AED 10,000($2,725) -FZCO : AED 15,000($4,087)	AED 1,050($286)/연 (등록, 면허 포함)
노동자 임금수준	〈관리자〉 -$26,000 $39,000/연〈숙련노동자〉 -$6,500 $9,800/연〈비숙련노동자〉 -$4,900 $5,800/연	좌동

아부다비의 힘

1. 국가 개황

가. 일반 사항

국명	아랍에미리트연방(United Arab Emirates)
위치	아라바안 걸프해 연안, 사우티 카타르 및 오만과 접경
면적	83,600㎢
기후	고온 · 다습 · 아열대성 기후 및 사막성 기후
수도	아부다비
인구	560만 명(2008년 기준 EIU 추정치)
주요도시	아부다비, 두바이
민족	자국민(약 20%), 외국인(약 80%)
언어	아랍어(공용어), 영어(상용어)
종교	이슬람교(수니파 70%, 시아파 30%)
건국일	1971년 12월 2일(영국으로부터 독립)
정부형태	7개 에미리트로 구성된 연방 대통령제
국가원수	Sheikh Khalifa bin Zayed al-Nahyan(대통령)

자료원 : 아랍 에미리트 통계청

나. 우리나라와의 관계

주요체결협정	• 항공협정(2003년) • 투자보장협정(2003년) • 이중과세방지협정(2003년)
교역규모	• 수출 : US$ 57억(2008년) • 수입 : US$ 192억(2008년)
교역품	• 수출 : 승용차, 무선전화기, 전선, 자동차부품, 선박 • 수입 : 원유, 나프타, LPG, 알루미늄 등
투자교류	• 대 UAE 투자 : 2009년 3월 누계기준 242건, US$314.7백만 • 대 한국 투자 : 2008년 당해연도 신고기준 4건, US$600백만
교민	• 3,700명(2008년 12월 기준)

자료원 : 한국무역협회, 지식경제부, 한국수출입은행, 외교통상부

	2007[b]	2008[b]	2009[c]
GDP			
명목 GDP(US$ 백만)	198,702[a]	244,643	211,821
명목 GDP(Dh 백만)	729, 732[a]	898,574	778,018
실질 GDP 성장률	7.7	7.4	−1.7
GDP의 구성(% 실질 변화율)			
농업	2.0	2.0	2.5
제조업	7.5	6.7	−5.4
서비스	8.5	8.2	2.1
인구와 수입			
인구(백만 명)	5.3	5.6	5.5
1인당 GDP(US$구매력평가기준)	27,861	28,623	28,888
재정지수(GDP에 대한 %)			
정부 예산 수입	30.8	32.2	19.6
정부 예산 지출	20.1	19.7	25.2
정부 예산 수지	10.7	12.4	−5.6
물가와 금융 지수			
환율Dh : US$(연말기준)	3.67[a]	3.67[a]	3.67
환율Dh : 유로(연말기준)	5.36[a]	5.11[a]	5.00
소비자 물가(연말기준 : %)	13.3	20.0	4.5
대출금리	8.0a	5.3	2.8
경상계정(US$ 백만)			
무역수지	53,715[a]	64,709	23,850
상품 : 수출(fob)	170,357[a]	210,512	137,576
상품 : 수입(fob)	−116,642[a]	−145,803	−113,726
서비스수지	−23,854[a]	−27,887	−19,670
소득수지	5,854[a]	8,804	4,660
경상이전수지	−9,875[a]	−10,740	−8,728
경상수지	25,840[a]	34,886	113
외채(US$ 백만)			
총 외채	105,946	126,944	130,095
채무 원리금 상환	9,031	7,860	16,245
원금 상환	3,800	4,500	12,000
이자 상환	5,231	3,360	4,245
외환 보유고(US$ 백만)			
총 외환보유고	77,239[a]	34,830	29,830

주 : a 실제값 b EIU 추정치 c EIU 예상치
자료원 : EIU "Country Report May 2009"

기업하기 좋은 순위 : 46 소득 : 상 GNI per capita : 26,310달러 인구(백만) : 4.36					
창업(순위)	113	소유권 등기(순위)	11	대외무역(순위)	14
절차(개수)	8	절차(개수)	3	수출서류(개수)	5
소요시간(일)	17	시간(일)	6	수출시간(일)	10
비용(%, 수익/자본)	13.4	비용(%, 재산가치)	2.0	수출비용(컨터이너당달러)	618
최소자본(%, 수익/자본)	311.9	은행융자(순위)	68	수입시간(일)	10
인허가 처리(순위)	41	법적권리의 힘(0-10)	4	수입비용(컨테이너당달러)	587
절차(개수)	21	신용정보의 깊이(0-6)	5	시간(일)	125
(성인의 %)	6.5	계약이행(순위)	145	비용(%, 수익/자본)	1.5
(성인의 %)	7.7	절차(개수)	50	시간(일)	607
고용(순위)	47	투자자 보호(순위)	113	비용(%, 청구)	26.2
고용의 어려움(0-100)	0	노출정도(0-10)	4		
근로시간경직성(0-100)	40	이사의 법적책임(0-10)	7	폐업(순위)	141
해고의 어려움(0-100)	0	주주소송용이성(0-10)	2	시간(년)	5.1
고용의 경직성(0-100)	13	투자자보호(0-10)	4.3	비용(%, 재산)	30
해고비용(주급의 배수)	84			회수비율(cent 달러)	10.2
		납세(순위)	4		
		납부(개수/년)	14		
		시간(시간/년)	12		
		총세금비율(%,이익)	14.4		

자료원 : 세계은행 "Doing Business Reportt 2009"(조사대상국가 총 181개국)

2. 주요 교역 상대국

가. 주요 교역 상대국

(단위 : 백만 달러)

순위 (무역금액순)	지역명	2007		2008(1-11월)	
		수출	수입	수출	수입
1	일본	29,591	8,869	42,518	11,976
2	중국	2,733	18,740	4,096	25,313
3	인도	6,059	14,568	7,964	18,403
4	한국	11,506	4,075	15,124	5,148
5	미국	1,267	12,770	1,225	17,324
6	독일	454	8,668	530	12,876
7	태국	6,271	2,427	9,759	3,020
8	싱가포르	4,175	3,835	5,813	4,566
9	터키	427	3,565	628	8,773
10	이탈리아	406	6,699	612	8,397
11	영국	2,296	7,753	1,215	7,372
12	파키스탄	3,612	2,210	4,748	2,791
13	이란	4,698	822	6,151	1,076
14	프랑스	1,185	5,483	1,224	5,587
15	사우디아라비아	2,008	2,932	2,630	3,839

자료원 : KOTIS

나. 교육 구성

(단위 : 백만 달러)

	2005	2006	2007
수출(FOB 기준)			
원유	43,496	58,092	71,174
재수출	39,782	47,020	62,264
가스	5,776	7,099	7,759
총 수출	117,271	145,567	180,873
수입(CIF 기준)			
기계 및 전기 설비	15,639	18,089	23,953
운송수단	13,802	14,287	18,918
귀금속 및 보석류	8,274	10,016	13,262
총 수입	84,642	100,043	132,476

자료원 : EIU

●●● 〈대 UAE 수출〉

(단위 : 천 달러, %)

순위	품목명	2008		2008(1-5월)	
		금액	증가율	금액	증가율
	총계	5,748,540	55.2	1,825,613	-17.2
1	철구조물	63,400	429.9	339,846	1,254.0
2	무선전화기	319,258	-5.3	126,130	-18.8
3	자동차부품	243,193	25.7	106,050	11.0
4	폴리에스터직물	177,258	26.0	106,050	-7.6
5	변압기	100,576	377.9	57,384	116.3
6	전선	317,369	85.7	51,406	-55.6
7	가열난방기	48,440	192.0	51,092	336.4
8	타이어	117,753	36.4	46,454	4.8
9	칼라TV	134,818	77.5	41,312	-17.3
10	편집물	132,522	54.6	36,334	-24.7

주 : MTI 4 단위 기준
자료원 : KOTIS

●●● 〈대 UAE 수입〉

(단위 : 천 달러, %)

순위	품목명	2008		2008(1-5월)	
		금액	증가율	금액	증가율
	총계	19,248,495	52.1	2,849,683	-63.8
1	원유	16,547,976	61.6	2,177,955	-67.4
2	나프타	1,657,649	-2.1	444,460	-37.7
3	LPG	785,642	56.0	170,922	-48.9
4	알루미늄 및 스크랩	104,611	-20.4	24,857	-48.1
5	선박용 부품	3	1,033,6	4,923	230,034.1
6	승용차	435	27.2	3,579	2,074.4
7	동괴 및 스크랩	38,053	-6.2	2,962	-86.1
8	화물자동차	27	-	2,142	7,912.8
9	중후판	125	-58.9	1,771	11,377.6
10	고철	10,339	531.6	1,697	295.5

주 : MTI 4 단위 기준
자료원 : KOTIS

◆ **수입정책**

○ **관세**

  −GCC 공통 외부 세율 5% 적용

  −5% 관세의 예외 : 술(50% 관세율), 담배(100% 관세율), 53종류의 음식 및 농산품(무관세)

○ **수입 라이선스**

  −적법한 무역 라이선스가 있는 회사만이 수입에 관여할 수 있음.

  −무역 라이언스를 취득하기 위해서는 UAE에 등록된 회사로 UAE 국적 지분이 적어도 회사 전체 지분의 51%가 되어야 함.

○ **선적 서류 요구 사항**

  −1998년 7월 이래로 수출국 주재 UAE 대사관에서 인증을 받아야 함.

  −이러한 인증을 위한 요금표가 마련되어 있음.

○ **세관에서 가격산정**

  −2004년 10월 WTO에 가격산정 기준 공지

◆ **표준, 시험, 라벨링, 인증**

○ GCC 회원국들은 회원국들 간의 표준 및 적합성 평가 체계를 통일하려는 작업을 진행 중

○ 현재 각국은 자신들만의 표준을 적용하거나 GCC 표준을 적용하여 해외의 수출업체들이 혼선을 빚고 있음.

○ 현재 GCC 회원국들은 WTO에 위생 및 검역조치(SPS)와 기술장벽(TBT)에 대하여 고지하지 않거나

○ 2008년 5월부터 GCC 국가에 입항 시 기준 저장수명(shelf life)이 반절 이상 남아

있어야 하며, 상온 보관 식품에 대해서는 "best by", "best before" 란 라벨링을
쓰도록 함.

○ 2002년 10월 ESMA(Emirates Authority for Standardization and Metrology)
설립

○ ESMA는 재정산업부의 산하기관으로 GCC체제에서 발생하는 표준화 이슈들을 담당

○ 2006년 초 기준 ESMA는 1,810개의 표준을 채택했고 이 중 95%가 GCC표준이며
5%가 UAE 개발 표준

◆ 위생 및 검역 조치(SPS)

○ 식품 기준의 통제는 GSM(Gemeral Secretariat of Municipalities)과 ESMA의
권한

○ UAE 전체 기준에 대하여 각 지방자치단체에서 독립적으로 기준을 적용하는 경우가
있으나 GSM는 각 지방자체단체에 대한 통제를 강화하고 있는 추세

○ 2008년 5월 ESMA는 음식 섹터의 700여 기준을 발표했는데 이는 대부분 국제식품
규격위원회의 기준에 기초한 것

◆ 적합성 평가

○ 2004년 자국의 적합성 평가 프로그램을 출범 : ECAS(Emirates Conformity
Assessment Scheme)

○ 적합성 평가의 대상 : 장난감, 세제, 페인트, 윤활제, 기름, 자동차 배터리, 음식, 화학,
석유제품, 섬유, 전자제품, 건설

○ ECAS는 국내에서 생산된 제품이 국가의 또는 GCC의 기준을 충족했는지 평가

○ 국가 또는 GCC의 기준이 없을 경우 국제기준을 충족했는지 평가

◆ 정부조달

○ UAE는 WTO정부조달협정의 서명국이 아님.

○ 정부조달시 자국 업체에 10%의 가격 우대를 부여

○ 정부조달에 참여하기 위해서는 UAE 정부에 등록해야 하는데 등록 요건으로 UAE국적 지분이 적어도 51%가 될 것을 요구

○ 그러나 위의 조건은 국내 업체가 상품이나 서비스를 공급할 수 없는 주요 프로젝트 사업이나 국방 계약에 있어서는 적용되지 않음.

◆ 지적재산권의 보호

○ 최근 몇 년간 지적재산권의 보호를 우선적인 정책으로 취급

○ 2007년 통계에 따르면 불법 소프트웨어 복제 비율이 34%로 중동지역 중 최저치를 기록

○ GCC 국가들은 지적 재산권에 대하여 일치된 규율을 하고자 하며 이러한 관점에서 공통의 상표법이 만들어지고 있음.

4. 상관습 및 거래시 유의 사항

◆ 역사적/문화적 금기사항

○ AE의 공식 종교는 이슬람. 금요일은 우리나라의 일요일과 같은 공휴일이기 때문에 금요일에 회사 방문을 요청하는 것은 가급적 피하는 것이 좋음.

○ 전체 인구 490만 명의 약 20%를 차지하는 자국민의 경우 다수가 무슬림이므로 종교적인 부분과 관련된 결례를 범하지 않도록 함.

○ 인구의 80%를 차지하고 있는 외국인들은 국적, 종교, 문화가 서로 상이하므로 일률적인 잣대를 가지고 상대방을 판단해서는 안 됨. 중동 국가 출신의 외국인은 대부분 무슬림이지만 의외로 기독교 신자도 많음.

○ UAE를 비롯한 중동 국가의 경우 무슬림 여성들에게 성적인 불쾌감을 주는 행동을 절대 삼가야 함. 불필요한 신체 접촉 등 오해를 살 수 있는 행동은 치명적인 결례가 될 수 있음을 유념해야 함.

○ 무슬림 가족의 경우 손님 초대시 남녀를 구분하여 접대하는 경우가 많음. 제3자(남자) 앞에서는 머리 등을 가려야 하는 무슬림 여성들이 여성 손님을 접대해야 하는 종교적 의미 때문임.

◆ 미팅 때 지켜야 할 사항

○ 약속
  - 공공 기관과 면담하는 경우 최소 한 달 전에 서면으로 방문 요청을 한 후 전화 및 팩스 등으로 일정을 조율하는 것이 좋음.
  - 현지 공공 기관의 경우 면담을 확정하기까지 상당한 시간이 소요. 해당 담당자가 출장 또는 휴가 중인 경우 대체 인력이 대신 업무를 수행하는 것이 아니므로 최소 한 달 전에 사전 약속하는 것이 좋음.
  - 한 번 정해진 약속의 경우 당일 일방적인 취소를 하는 것은 무례하게 비춰지므로 절대 삼가야 함.
  - 바이어 면담에 있어서는 사전 이메일 등으로 요청한 후에 전화 등으로 확약해야 함. 이메일로 면담 요청을 하는 경우 기존 거래 바이어가 아니라면 회사공용메일로 수많은 거래 제의 이메일을 답지하고 있어 자칫 바이어가 상대방의 편지를 확인하지 못한 채 시일만 흐르는 경우가 있음.

○ 식사
  - UAE에 거주하는 외국인의 종교가 다양하다 보니 같이 식사를 할 경우 상대방의 종교에

따른 식단 선택에 유념해야 함.
- UAE의 경우 이슬람 국가이지만 호텔 내에 위치한 식당에는 술과 돼지고기 판매를 허용하고 있어 비무슬림의 경우 호텔 내 식당에서 편안하게 술과 돼지고기를 먹을 수 있음.
- UAE의 경우 이슬람 국가이지만 호텔 내에 위치한 식당에는 술과 돼지고기 판매를 허용하고 있어 비무슬림의 경우 호텔 내 식당에서 편안하게 술과 돼지고기를 먹을 수 있음.
- 허가증을 가지고 있는 경우 개인(허가증 취득 자격 조건: 비무슬림, UAE 거주자, 21세 이상, 월평균 급여 최소 약 100만 원 이상 등)도 매달 일정량 한도 내까지 술 구매가 가능하며 관련 기관 허가를 받은 슈퍼마켓, 상점의 경우 돼지고기 판매가 가능.
- 동행한 상대방이 무슬림인 경우 같은 식사 자리에서 술과 돼지고기가 나오는 것은 불쾌한 행동일 수 있음.
- 무슬림들은 왼손을 화장실 용무를 볼 때 사용하고 있어 음식을 건네주거나 물건을 전달할 때 오른손을 사용해야 함.

○ **선물**
- 인삼 제품(인삼차, 인삼 사탕, 인삼 절편 등), 우리나라 전통 공예품 등이 적당하며 한국 전통 음식류의 경우 무슬림들에게는 할랄 여부가 모호한 음식은 준비하지 않는 것이 좋음.

> *할랄 : 돼지고기나 목이 졸리거나 맞아 죽은 짐승의 고기를 금하는 이슬람 율법 하에서 무슬림이 먹고 쓸 수 있는 제품

○ **인사**
- 바이어의 국적이나 문화적 배경을 모르는 경우 악수 교환 정도가 가장 무난

○ **복장**
- 자국민의 경우 통상적으로 전통 의상을 즐겨 입으며 일상생활에는 물론 회사업무, 외부 행사 참석, 거래업체 상담 시에도 착용.
- 전통 의상을 입지 않는 바이어의 경우 더운 날씨로 인하여 넥타이를 하지 않거나 양복 상의를 입지 않기도 하지만 공식적인 자리에서는 정장을 입는 것이 바람직함.

◆ 바이어 상담/거래시 유의사항

- UAE는 법인세, 소득세가 없고 개인 기업이 대부분 비공개, 비상장 기업이므로 재무제표
와 같은 관련 자료를 외부에 공개하지 않음.
- 제 3자가 객관적으로 해당 업체를 파악하기에는 근본적으로 한계를 보여주는 이중적인
구조
- 은행에서도 제 3자에게는 고객 정보를 제공하지 않으므로 사실상 바이어의 재무 상태나
은행 거래 내역 입수는 불가능. 때문에 UAE 현지의 전문 신용조사회사도 탐문수사를 통
해 바이어의 영업 행태와 실적을 파악하고 있는 실정.
- 바이어와의 교신시 가장 빈번하게 제기되는 불만사항 중 하나가 e-메일 송부 후 회신이
없다는 것. 통상적으로 해당 바이어가 출장 또는 휴가로 인해 자리를 비우더라도 업무를
인수, 인계하지 않아 업무가 지연되거나 회신이 전혀 없는 경우도 많음.
- UAE 법상 연간 휴가는 calendar day 기준 30일이며 대부분의 외국인 근로자들은 휴가
기간을 자국에서 보내기 때문에 장기 휴가가 빈번함.
- 회사 공용 메일을 사용하는 경우 하루에 들어오는 수천 통의 메일을 일일이 확인하지 않
아 전화 또는 팩스로 이중 확인하지 않는 한 본의 아니게 e-메일을 놓치는 바이어가 있
다는 점에 유의.
- 에이전트 계약을 맺으면 상호 합의가 없는 한 파기가 원칙적으로 어렵기 때문에 계약서
내용에는 "sole", "exclusive", "agent" 같은 단어를 포함하지 않도록 하며 "distridutor"
같은 표현으로 대체한 후 계약 기간 동안 해당 바이어에게만 공급한다는 조항을 작성하
여 넣고 바이어에게 계약 기간 후에 일정한 성과를 올렸을 경우 새롭게 작성하자고 제시
하는 것이 바람직함.
- 에이전트 활동 범위도 중동 지역 전체 또는 중동 아프리카 지역 전체를 원하는 바이어가
있는데 특정 국가 또는 같은 국가라도 도시별로 구분하여 세분화하는 것도 좋은 방법이
될 수 있음.

※ 이 책 부록자료 일부는 KOTRA에서 발행한 자료를 구성에 걸맞게 재구성하였음.

임 은 모

경 력
광고평론가
한국문화콘텐츠학회 부회장
Al Ahmed Green Forum 공동대표
한일 마케팅포럼 기획위원
한세대학교 광고홍보과 겸임교수 역임

대표저서
글로벌 브랜드 두바이(2007)
문화콘텐츠 비즈니스론(2003)
디지털 콘텐츠 입문론(2002)
디지털 콘텐츠 게임개발론(2002)
짐 클라크 수익모델 엿보기(2001)
취해도 광고는 바로 간다(1995)
성공기업 광고전략(1992)

연 재
〈월간 POP Sign〉 광고칼럼
〈월간 디지털 콘텐츠〉 콘텐츠 개론

강 연
It's Abu Dhabi & Masdar
at a glance Masdar by 글로벌 그린 마켓
글로벌 마케팅과 GCC시장 접근전략

논 문
광고전략에서 케이스스터디 영역과 역할에 관한 연구(1997)
모바일 콘텐츠에서 기술적 특성과 게임 프로듀싱에 관한 연구(2000)

초판인쇄 | 2009년 11월 30일
초판발행 | 2009년 11월 30일

지은이 | 임은모
펴낸이 | 채종준
펴낸곳 | 한국학술정보㈜
주   소 | 경기도 파주시 교하읍 문발리 파주출판문화정보산업단지 513-5
전   화 | 031) 908-3181(대표)
팩   스 | 031) 908-3189
홈페이지 | http://www.kstudy.com
E-mail | 출판사업부 publish@kstudy.com
등   록 | 제일산-115호(2000. 6. 19)

ISBN   978-89-268-0579-4   03330(Paper Book)
         978-89-268-0580-0   08330(e-Book)
         24,000원

이담 *Books*는 한국학술정보㈜의 지식실용서 브랜드입니다.